HET IDEALE KOOKBOEK 2022 CHOCOLADE EIWIT BARS

100 heerlijke en voedzame recepten om je eigen repen te maken

Lana van den Bosch

Alle rechten voorbehouden.

Vrijwaring

De informatie in dit eBook is bedoeld als een uitgebreide verzameling strategieën waar de auteur van dit eBook onderzoek naar heeft gedaan. Samenvattingen, strategieën, tips en trucs zijn slechts aanbevelingen van de auteur, en het lezen van dit eBook kan niet garanderen dat iemands resultaten exact dezelfde zijn als de resultaten van de auteur. De auteur van het eBook heeft alle redelijke inspanningen geleverd om de lezers van het eBook actuele en nauwkeurige informatie te verstrekken. De auteur en zijn medewerkers kunnen niet aansprakelijk worden gesteld voor eventuele onopzettelijke fouten of weglatingen die worden gevonden. Het materiaal in het eBook kan informatie van derden bevatten. Materialen van derden omvatten meningen van hun eigenaars. Als zodanig aanvaardt de auteur van het eBook geen verantwoordelijkheid of aansprakelijkheid voor materiaal of meningen van derden.

Het eBook is copyright © 2022 met alle rechten voorbehouden. Het is illegaal om dit eBook geheel of gedeeltelijk te herdistribueren, kopiëren of afgeleide werken te maken. Geen enkel deel van dit rapport mag worden gereproduceerd of opnieuw verzonden in welke vorm dan ook, gereproduceerd of opnieuw verzonden in welke vorm dan ook zonder de schriftelijke uitdrukkelijke en ondertekende toestemming van de auteur.

INHOUDSOPGAVE

INHOUDSOPGAVE 3

INVOERING 7

CHOCOLADEBARS EN VIERKANTJES 8

    1. Veganistische eiwitrepen 9
    2. Gepofte quinoareep 12
    3. Matcha cashew-cups 14
    4. Schijfjes kikkererwtenchocolade 16
    5. Bananenrepen 18
    6. Toffee-vierkantjes met gekonfijt spek 21
    7. Chocolade-eiwit-notenrepen 24
    8. Duitse chocolade-eiwitrepen 26
    9. Drievoudige chocolade-eiwitcakerepen 28
    10. Frambozen-chocoladerepen 31
    11. Muesli-eiwitrepen 33
    12. Kersenrepen uit het Zwarte Woud 35
    13. Cranberry-popcornrepen 37
    14. Hallo Dolly Bars 39
    15. Ierse roomrepen 41
    16. Bananenwervelstaven 43
    17. Pompoen Havermout Anytime Pleinen 45
    18. Rode fluwelen pompoenrepen 48
    19. Chocoladeschors met gekonfijte pecannoten 50
    20. Crunchrepen 52
    21. Veganistische snoeprepen 55
    22. Chocolade-kokosproteïnerepen 58
    23. Confettirepen 60
    24. Gezouten karamel cashew repen 63

25. Pistache karamels 66
26. Key lime-vierkanten 68
27. Toffee-vierkantjes met gekonfijt spek 70
28. Karamel Walnoot Droomrepen 73
29. Chronische pecannotenrepen 75
30. Amandelboter chia vierkanten 77
31. Chocolade-eiwit-notenrepen 80
32. Duitse chocolade-eiwitrepen 82
33. Blueberry Bliss-eiwitrepen 85
34. Chocolate Chip Pindakaas Eiwitrepen 87
35. Rauwe Pompoen Hennepzaad Eiwitrepen 89
36. Gember Vanille Eiwit Crunch Bars 91
37. Pindakaas-krakelingrepen 93
38. Cranberry-amandel-eiwitrepen 95
39. Triple Chocolate Protein Cake Bars 97
40. Frambozen-chocoladerepen 100
41. Pindakaaskoekjesdeegrepen 102
42. Muesli-eiwitrepen 104
43. Wortelcake-eiwitrepen 106
44. Sinaasappel- en Goji-bessenrepen 109
45. Aardbeien Rijpe Eiwitreep 111
46. Mokka-eiwitrepen 113
47. Banaan-chocolade-eiwitrepen 115
48. Hemelse rauwe repen 117
49. Monsterbars 119
50. Bosbessenkruimelrepen 121
51. Gumdrop-repen 123
52. Roll Bars met gezouten noten 125
53. Kersenrepen uit het Zwarte Woud 127
54. Cranberry-popcornrepen 129
55. Hallo Dolly Bars 131

56. Ierse roomrepen 133
57. Banaan Swirl Bars 135
58. Pompoen-cheesecake-repen 137
59. Mueslirepen 139
60. Pompoen Havermout Pleinen 141
61. Rode fluwelen pompoenrepen 144
62. Besneeuwde citroenrepen 146
63. Gemakkelijke Butterscotch-repen 148
64. Kersen-amandelreep 150
65. Karamel Crunch Bars 152
66. Havermoutrepen 155
67. Chewy Pecan Bars 157
68. Chocolate Chip Cookie Dough Proteïnerepen 160
69. Eiwitrepen met havermout-rozijnenkoekjes 163
70. Macadamia-eiwitreep met witte chocolade 166
71. Red Velvet Cake Fudge Eiwitrepen 169
72. Kaneelbroodje Eiwitvierkanten 173
73. Duitse chocoladecake-eiwitrepen 177
74. Eiwitrepen voor verjaardagstaarten 181
75. Wortelcake-eiwitrepen 184
76. Eiwitrepen met zeven lagen 187
77. Pumpkin Pie Protein Bar-beet 190
78. Pecantaart Eiwitrepen 193
79. Tiramisù Eiwitrepen 196
80. S'mores eiwitrepen 200
81. Nutella Fudge Eiwitrepen 204
82. Mokka Fudge Eiwitrepen 207
83. Caramel Macchiato-eiwitrepen 210
84. Eiwitrepen met muntchocolade 213
85. Millionaire's Protein Bars 217
86. Scotcheroo-eiwitrepen 221

87. DE ELVIS-EIWITREPEN ... 224
88. PINDAKAAS EN JELLY PROTEIN BARS ... 227
89. MATCHA GROENE THEE AMANDEL FUDGE EIWITREPEN ... 230
90. SUPER GREENS FUDGE EIWITREPEN ... 233
91. OPGEPOMPTE EIWITREPEN ... 236
92. GERASPTE EIWITREPEN ... 240
93. BEEFCAKE-EIWITREPEN ... 244
94. IN DE BUFF-EIWITREPEN ... 248
95. LATEN WE EIWITREPEN RACEN ... 251
96. GEZONDE CHUBBY HUBBY PROTEIN BARS ... 255
97. KRACHTIGE EIWITREPEN ... 258
98. DYNAMISCHE EIWITREPEN ... 261
99. DUO-EIWITREPEN ... 264
100. DEATH BY CHOCOLATE PROTEIN BARS ... 268

CONCLUSIE ... 272

INVOERING

Geschiedenis van chocolaatjes

Voordat je in een zachte, rijke melkreep bijt, moet je weten dat de chocolaatjes niet altijd zo'n zoete traktatie waren. Ze waren traditioneel een bitter drankje. Chocolade werd oorspronkelijk gevonden in de tropische regenwouden van Midden-Amerika.

Chocolade werd verbouwd door de Meso-Amerikanen en de oude stam geloofde dat chocolaatjes mystieke krachten bevatten. Het stond ook bekend om zijn lustopwekkende eigenschappen en spirituele kwaliteiten. De cacaoboon werd aanbeden door de Maya's. En ze waren alleen voorbehouden aan de edelste hoogwaardigheidsbekleders, heersers, krijgers en priesters. Het was ook een vorm van valuta in de Maya-regio.

In 1828 werd de cacaopers opgericht. Deze machine zou de cacaoboter en cacaopoeder van de cacaobonen scheiden. In 1887 besloot een Zwitserse chocolatier om melk in het brouwsel te doen. Hij was op zoek naar een manier om de melkchocolade lang te bewaren en zo werd melkchocolade in de wereld geïntroduceerd. Vanaf dat moment waren chocolaatjes gemakkelijk beschikbaar voor de massa. Met marketing en meer productie waren chocolaatjes nu een delicatesse waar iedereen van kan genieten.

CHOCOLADEBARS EN VIERKANTJES

1. Veganistische eiwitrepen

Ingrediënten:
- 1/3 kopje amarant.
- 3 eetlepels vanille of niet-gearomatiseerd veganistisch eiwitpoeder.
- 1 1/2-2 eetlepels ahornsiroop.
- 1 kopje fluweelzachte gezouten pinda- of amandelboter
- 2-3 eetlepels gesmolten donkere veganistische chocolade.

Routebeschrijving

a) Knal je amarant door een grote pan op middelhoog vuur te verwarmen.

b) Voeg pinda- of amandelboter en ahornsiroop toe aan een middelgrote mengkom en roer om te integreren.

c) Voeg eiwitpoeder toe en roer.

d) Voeg gepofte amarant beetje bij beetje toe tot je een losse "deeg" -textuur hebt. Wees voorzichtig om niet te veel toe te voegen, anders kunnen de staven hun kleverigheid verliezen en blijven ze niet aan elkaar plakken.

e) Doe het mengsel over in de ovenschaal en druk aan tot een gelijkmatige laag. Leg perkamentpapier of plasticfolie erop en gebruik dingen met een platte bodem, zoals een maatbeker voor vloeistof, om het mengsel naar beneden te drukken en in een gelijkmatige, sterk gepakte laag te laden.

f) Breng over naar de vriezer om 10-15 minuten in te stellen of tot het bedrijf aanvoelt. Til vervolgens op en snijd in 9 repen. Geniet ervan zoals het is, of besprenkel met een beetje gesmolten donkere chocolade.

g) Deze worden bij kamertemperatuur een beetje zacht, dus bewaar in de koelkast (ongeveer 5 dagen) of de vriezer.

2. Gepofte quinoareep

Ingrediënten:

- 3 Eetlepels kokosolie.
- 1/2 kopje rauw cacaopoeder.
- 1/3 kopje ahornsiroop.
- 1 Eetlepels tahini
- 1 theelepel kaneel.
- 1 theelepel vanillepoeder.
- Zeezout.

Routebeschrijving

a) Smelt in een kleine pan op middelhoog vuur de kokosolie, rauwe cacao, tahini, kaneel, esdoornzee, siroop en vanillezout samen tot het een dikker chocolademengsel is.

b) Schenk de chocoladesaus over de gepofte quinoa en meng goed. Schep een grote eetlepel van de chocoladekrokantjes in kleine baking cups.

c) Leg ze minimaal 20 minuten in de vriezer om uit te harden. Bewaren in de vriezer en smullen maar!

3. Matcha cashew cups

Ingrediënten:
- 2/3 kopje cacaoboter.
- 3/4 kop cacaopoeder.
- 1/3 kopje ahornsiroop.
- 1/2 kopje cashewboter, of wat je maar wilt.
- 2 theelepels matchapoeder.
- Zeezout.

Routebeschrijving:

a) Vul een kleine pan met 1/3 kopje water en plaats een kom erop, dek de pan af. Zodra de kom heet is en het water eronder kookt, smelt u de cacaoboter in de kom, zet u het vuur aan en. Als het gesmolten is, haal van het vuur en roer de ahornsiroop en cacaopoeder er een paar minuten door tot de chocolade dikker wordt.

b) Gebruik een middelgrote cupcakehouder om de onderste laag te vullen met een royale eetlepel van het chocolademengsel. Als je alle cupcakehouders hebt gevuld, zet je ze 15 minuten in de vriezer om op te stijven.

c) Haal de bevroren chocolade uit de vriezer en schep 1 eetlepel van het matcha/cashewboterdeeg op de bevroren chocoladelaag. Zodra dit is gebeurd, giet je de resterende gesmolten chocolade over elke klodder, zodat alles bedekt is. Bestrooi met zeezout en laat dit 15 minuten in de vriezer staan.

4. Kikkererwten choco plakjes

Ingrediënten:

- 400 g kikkererwten uit blik, afgespoeld, uitgelekt.
- 250 gram amandelboter.
- 70 ml ahornsiroop.
- 15 ml vanillepasta.
- 1 snufje zout.
- 2 gram bakpoeder.
- 2 gram bakpoeder.
- 40 g veganistische chocoladeschilfers.

Routebeschrijving

a) Verwarm de oven voor op 180°C/350°F.

b) Vet een grote bakvorm in met kokosolie.

c) Combineer kikkererwten, amandelboter, ahornsiroop, vanille, zout, bakpoeder en bakpoeder in een blender.

d) Mixen tot een gladde substantie. Roer de helft van de chocoladeschilfers erdoor en verdeel het beslag in de voorbereide bakvorm.

e) Bestrooi met gereserveerde chocoladeschilfers.

f) Bak 45-50 minuten of tot een ingestoken tandenstoker er schoon uitkomt.

g) Koel 20 minuten op een rooster. Snijd en serveer.

5. Bananenrepen

Ingrediënten:
- 130 g zachte pindakaas.
- 60 ml ahornsiroop.
- 1 banaan, gepureerd.
- 45ml water.
- 15 g gemalen lijnzaad.
- 95 gram gekookte quinoa.
- 25 gram chiazaad.
- 5 milliliter vanille.
- 90 g snelkokende havermout.
- 55 g volkoren meel.
- 5 gram bakpoeder.
- 5 gram kaneel.
- 1 snufje zout.

Topping:
- 5 ml gesmolten kokosolie.
- 30 g vegan chocolade, gehakt.

Routebeschrijving
a) Verwarm de oven voor op 180°C/350°F.
b) Bekleed een ovenschaal van 16 cm met bakpapier.

c) Combineer lijnzaad en water in een kleine kom. Zet 10 minuten opzij.

d) Meng in een aparte kom pindakaas, ahornsiroop en banaan. Spatel het lijnzaadmengsel erdoor.

e) Zodra je een glad mengsel hebt, roer je de quinoa, chiazaden, vanille-extract, haver, volkoren meel, bakpoeder, kaneel en zout erdoor.

f) Giet het beslag in de voorbereide ovenschaal. Snijd in 8 repen.

g) Bak de repen 30 minuten.

h) Maak ondertussen de topping; combineer chocolade en kokosolie in een hittebestendige kom. Zet op kokend water, tot het gesmolten is.

i) Haal de repen uit de oven. Zet 15 minuten op een rooster om af te koelen. Haal de repen uit de ovenschaal en besprenkel met chocoladetopping. Dienen.

6. Toffeeblokjes met gekonfijt spek

Ingrediënten:
- 8 plakjes spek
- ¼ kopje lichtbruine suiker, stevig verpakt
- 8 EETLEPELS boter, verzacht
- 2 EETLEPELS ongezouten boter, zacht
- ⅓ kopje donkerbruine suiker, stevig verpakt
- ⅓ kopje banketbakkerssuiker
- 1½ kopjes bloem voor alle doeleinden
- ½ theelepels zout
- ½ kopje toffee stukjes
- 1 kopje donkere chocoladeschilfers
- ⅓ kopje gehakte amandelen

Routebeschrijving

a) Verwarm de oven tot 350 ° F (180 ° C). In een middelgrote kom, gooi spek en lichtbruine suiker, en schik in een enkele laag op een bakplaat.

b) Bak 20 tot 25 minuten of tot het spek goudbruin en krokant is. Haal uit de oven en laat 15 tot 20 minuten afkoelen. Snijd in kleine stukjes.

c) Verlaag de oventemperatuur tot 340 ° F (171 ° C). Bekleed een 9 × 13-inch (23 × 33 cm) bakvorm met aluminiumfolie, spuit met anti-aanbakspray en zet opzij.

d) Meng in een grote kom boter, ongezouten boter, donkerbruine suiker en banketbakkerssuiker met een elektrische mixer op gemiddelde snelheid tot het licht en luchtig is. Voeg bloem en zout voor alle doeleinden geleidelijk toe en meng tot het net is gecombineerd. Roer ¼ kopje toffee-stukjes erdoor tot ze gelijkmatig zijn verdeeld.

e) Druk het deeg in de voorbereide pan en bak 25 minuten of tot ze goudbruin zijn. Haal uit de oven, bestrooi met pure

chocoladeschilfers en laat 3 minuten staan of tot de chips zacht zijn.
f) Verdeel de zachte chocolade gelijkmatig over de bovenkant en bestrooi met amandelen, gekonfijt spek en de resterende kopje toffee-stukjes. Laat 2 uur afkoelen of tot de chocolade gestold is. Snijd in 16 vierkanten van 5 cm.
g) Bewaren: In een luchtdichte verpakking in de koelkast maximaal 1 week bewaren.

7. Chocolade Proteïne Notenrepen

Porties: 12 repen Bereidingstijd: 1 uur

Ingrediënten:
- 100% pure notenboter, 250 g
- Geroosterd lellenzaad, 1 ½ theelepel
- Vetvrije yoghurt, 110 g
- 100% Whey eiwitpoeder, 100 g
- Kaneel, 1 ½ theelepel
- Rauwe cacao nibs, 4 theelepels
- 85% pure chocolade, 100 g
- Puur vanille-extract, 1 eetlepel
- 100% Erwtenproteïnepoeder, 30 g

Routebeschrijving
a) Voeg alle ingrediënten behalve chocolade toe aan de keukenmachine en pulseer tot een gladde massa.
b) Maak 12 repen van het mengsel en zet ze 30 minuten in de koelkast.
c) Als de repen stevig zijn, smelt u de chocolade in de magnetron en dompelt u elke reep erin en smeert u ze goed in.
d) Leg de gecoate repen op een met bakpapier beklede plaat en zet opnieuw 30 minuten in de koelkast of tot de chocolade stevig is.
e) Genieten van.

8. Duitse Chocolade Eiwitrepen

Porties: 12 repen

Ingrediënten:
- Haver, 1 kop
- Geraspte kokosnoot, ½ kopje + ¼ kopje, verdeeld
- Soja-eiwitpoeder, ½ kopje
- Pecannoten, ½ kopje + ¼ kopje, gehakt, verdeeld
- Water, tot ¼ kopje
- Cacaopoeder, ¼ kopje
- Vanille-extract, 1 theelepel
- Cacao nibs, 2 eetlepels
- Zout, ¼ theelepel
- Medjool dadels, 1 kop, ontpit en 30 minuten geweekt

Routebeschrijving:
a) Verwerk haver tot fijne bloem, voeg dan cacaopoeder en eiwitpoeder toe, verwerk opnieuw.
b) Laat intussen de dadels uitlekken en doe ze in de keukenmachine. Puls gedurende 30 seconden en voeg dan ½ kopje geraspte kokosnoot en ½ kopje pecannoot toe, gevolgd door zout en vanille.
c) Verwerk opnieuw en blijf beetje bij beetje water toevoegen en vorm deeg.
d) Doe het deeg in een grote kom en voeg de resterende pecannoten en kokos toe, gevolgd door cacaonibs.
e) Leg het deeg op bakpapier en bedek het met een ander bakpapier en vorm een dik vierkant.

f) Zet 2 uur in de koelkast, verwijder dan het bakpapier en snijd in 12 repen van de gewenste lengte.

9. Triple Chocolate Protein Cake Bars

Ingrediënten:
- Havermeel, 1 kop
- Zuiveringszout, ½ theelepel
- Amandelmelk, kopje
- Chocolade whey eiwitpoeder, 1 schepje
- Stevia bakmix, kopje
- Amandelmeel, ¼ kopje
- Pure chocoladeschilfers, 3 eetlepels
- Zout, ¼ theelepel
- Walnoten, 3 eetlepels, gehakt
- Ongezoet donker cacaopoeder, 3 eetlepels
- Ongezoete appelmoes, 1/3 kop
- Ei, 1
- Gewone Griekse yoghurt, ¼ kopje
- Vloeibaar eiwit, 2 eetlepels
- Vanille whey eiwitpoeder, 1 schepje

Routebeschrijving
a) Verwarm de oven voor op 350 F.
b) Vet een bakvorm in met bakspray en houd apart.
c) Combineer beide meelsoorten in een grote kom met zout, bakpoeder, zowel eiwitpoeders als donkere cacaopoeder. Houd opzij.
d) Klop in een andere kom eieren met stevia en klop tot alles goed gemengd is, voeg dan de resterende natte ingrediënten toe en klop opnieuw.
e) Roer het natte mengsel geleidelijk door het droge mengsel en klop goed om te combineren.

f) Voeg walnoten en chocoladeschilfers toe, vouw ze voorzichtig dicht.
g) Breng het mengsel over in de voorbereide pan en bak 25 minuten.
h) Laat afkoelen voordat je het uit de pan haalt en in plakjes snijdt

10. Frambozen-Chocoladerepen

Ingrediënten:
- Pinda- of amandelboter, ½ kopje
- Lijnzaad, ¼ kopje
- Blauwe agave, 1/3 kop
- Chocolade-eiwitpoeder, ¼ kopje
- Frambozen, ½ kopje
- Instant havermout, 1 kop

Routebeschrijving
a) Combineer pindakaas met agave en kook op laag vuur, onder voortdurend roeren.
b) Wanneer het mengsel een gladde textuur vormt, voeg je het toe aan de haver, lijnzaad en eiwit. Goed mengen.
c) Voeg frambozen toe en vouw voorzichtig.
d) Breng het beslag over in de voorbereide pan en vries een uur in.
e) Snijd in 8 repen als ze stevig zijn en geniet ervan.

11. Muesli Eiwitrepen

Ingrediënten:
- Ongezoete amandelmelk, ½ kopje
- Honing, 3 eetlepels
- Quinoa, ¼ kopje, gekookt
- Chiazaad, 1 theelepel
- Meel, 1 eetlepel
- Chocolade eiwitpoeder, 2 schepjes
- Chocoladeschilfers, ¼ kopje
- Kaneel, ½ theelepel
- Rijpe banaan, , gepureerd
- Amandelen, ¼ kopje, in plakjes
- Muesli, 1 ½ kopje, van je favoriete merk

Routebeschrijving
a) Verwarm de oven voor op 350 F.
b) Roer amandelmelk met bananenpuree, chiazaden en honing in een middelgrote kom en houd apart.
c) Meng in een andere kom de resterende ingrediënten en hussel goed door elkaar.
d) Giet nu het amandelmelkmengsel over de droge ingrediënten en vouw alles goed door elkaar.
e) Doe het beslag in een bakvorm en bak 20-25 minuten.
f) Laat afkoelen alvorens uit de pan te halen en aan te snijden.

12. Kersenrepen uit het Zwarte Woud

Ingrediënten:
- 3 21-oz. blikken kersentaart vulling, verdeeld
- 18-1/2 ounce pakket chocoladetaartmix
- 1/4 kop olie
- 3 eieren, losgeklopt
- 1/4 kop cognac of kersensap met kersensmaak
- 6-ounce pakket halfzoete chocoladeschilfers
- Optioneel: slagroom topping

Routebeschrijving

a) Zet 2 blikken taartvulling in de koelkast tot het afgekoeld is. Gebruik een elektrische mixer op lage snelheid om het resterende blikje taartvulling, droge cakemix, olie, eieren en cognac of kersensap samen te kloppen tot alles goed gemengd is.

b) Roer de chocoladeschilfers erdoor.

c) Giet het beslag in een licht ingevette 13 "x9" bakvorm. Bak 25 tot 30 minuten op 350 graden, totdat een tandenstoker schoon is; chillen. Verdeel voor het serveren de gekoelde taartvulling gelijkmatig over de bovenkant.

d) Snijd in repen en serveer met opgeklopte topping, indien gewenst. Serveert 10 tot 12.

13. Cranberry-popcornrepen

Ingrediënten:

- 3-ounce pakket magnetron popcorn, gepoft
- 3/4 kop witte chocoladeschilfers
- 3/4 kop gezoete gedroogde veenbessen
- 1/2 kop gezoete kokosvlokken
- 1/2 kop geschaafde amandelen, grof gehakt
- 10-ounce pakket marshmallows
- 3 T. boter

Routebeschrijving

a) Bekleed een 13 "x9" bakvorm met aluminiumfolie; spray met non-stick groentespray en zet opzij. Meng in een grote kom popcorn, chocoladeschilfers, veenbessen, kokosnoot en amandelen; opzij zetten. Roer in een pan op middelhoog vuur de marshmallows en boter tot ze gesmolten en glad zijn.

b) Giet over het popcornmengsel en gooi om volledig te coaten; snel overbrengen naar de voorbereide pan.

c) Leg er een vel vetvrij papier overheen; stevig aandrukken. Koel gedurende 30 minuten, of tot het stevig is. Til de staven uit de pan en gebruik folie als handvatten; verwijder folie en vetvrij papier. Snijd in repen; koel nog eens 30 minuten. Maakt 16.

14. Hallo Dolly Bars

Ingrediënten:
- 1/2 kopje margarine
- 1 kopje graham cracker kruimels
- 1 kopje gezoete kokosvlokken
- 6-ounce pakket halfzoete chocoladeschilfers
- 6-ounce pakket butterscotch chips
- 14-oz. kan gezoete gecondenseerde melk
- 1 kop gehakte pecannoten

Routebeschrijving

a) Meng margarine en graham cracker kruimels; druk in een licht ingevette 9 "x9" bakvorm. Laag met kokos, chocoladeschilfers en butterscotch-chips.

b) Giet gecondenseerde melk erover; bestrooi met pecannoten. Bak op 350 graden gedurende 25 tot 30 minuten. Laten afkoelen; in repen snijden. Maakt 12 tot 16.

15. Ierse Cream Bars

Ingrediënten:
- 1/2 kop boter, verzacht
- 3/4 kop plus 1 eetlepel bloem voor alle doeleinden, verdeeld
- 1/4 kop poedersuiker
- 2 T. cacao bakken
- 3/4 kop zure room
- 1/2 kop suiker
- 1/3 kopje Ierse roomlikeur
- 1 ei, losgeklopt
- 1 theelepel vanille-extract
- 1/2 kop slagroom
- Optioneel: hagelslag

Routebeschrijving
a) Roer in een kom boter, 3/4 kop bloem, poedersuiker en cacao door elkaar tot een zacht deeg ontstaat.
b) Druk het deeg in een niet-ingevette 8"x 8" bakvorm. Bak 10 minuten op 350 graden.
c) Klop ondertussen in een aparte kom de resterende bloem, zure room, suiker, likeur, ei en vanille door elkaar.
d) Meng goed; giet over gebakken laag. Keer terug naar de oven en bak nog eens 15 tot 20 minuten, tot de vulling is gestold.
e) Iets afkoelen; ten minste 2 uur in de koelkast voordat u in repen snijdt. Klop in een kleine kom, met een elektrische mixer op hoge snelheid, de slagroom tot zich stijve pieken vormen.

f) Serveer repen gegarneerd met klodders slagroom en hagelslag, indien gewenst.

16. Bananen Swirl Bars

Ingrediënten:
- 1/2 kop boter, verzacht
- 1 kop suiker
- 1 ei
- 1 theelepel vanille-extract
- 1-1 / 2 kop bananen, gepureerd
- 1-1 / 2 kopje bloem voor alle doeleinden
- 1 theelepel bakpoeder
- 1 theelepel bakpoeder
- 1/2 t. zout
- 1/4 kop bakcacao

Routebeschrijving
a) Klop in een kom boter en suiker door elkaar; voeg ei en vanille toe. Meng goed; bananen erdoor roeren. Opzij zetten. Meng in een aparte kom bloem, bakpoeder, bakpoeder en zout; mix door het botermengsel. Verdeel het beslag in twee; voeg cacao toe aan de ene helft.
b) Giet gewoon beslag in een ingevette 13 "x9" bakvorm; schep chocoladebeslag erop. Wervel met een tafelmes; bak 25 minuten op 350 graden.
c) Koel; in repen snijden. Maakt 2-1 / 2 tot 3 dozijn.

17. Pompoen Havermout Anytime Pleinen

Ingrediënten:
- Lijnzaadei, 1 (1 eetlepel gemalen lijnzaad gemengd met 3 eetlepels water)
- Glutenvrije havermout, ¾ kopje
- Kaneel, 1 ½ theelepel
- Pecannoot, ½ kopje, gehalveerd
- Gemalen gember, ½ theelepel
- Kokossuiker, ¾ kopje
- Pijlwortelpoeder, 1 eetlepel
- Gemalen nootmuskaat, 1/8 theelepel
- Puur vanille-extract, 1 theelepel
- Roze Himalaya zeezout, ½ theelepel
- Ongezoete pompoenpuree uit blik, ½ kopje
- Amandelmeel, ¾ kopje
- Havermoutmeel, ¾ kopje
- Mini non-diary chocolate chips, 2 eetlepels
- Zuiveringszout, ½ theelepel

Routebeschrijving
a) Verwarm de oven voor op 350 F.
b) Bekleed een vierkante pan met vetvrij papier en houd opzij.
c) Combineer lijnzaadei in een mok en laat het 5 minuten staan.
d) Klop de puree op met suiker en voeg het lijnzaad en de vanille toe. Klop nogmaals om te combineren.
e) Voeg nu baking soda toe, gevolgd door kaneel, nootmuskaat, gember en zout. Klop goed.
f) Voeg als laatste bloem, haver, arrowroot, pecannoten en amandelmeel toe en klop tot alles goed is opgenomen.

g) Breng het beslag over in de voorbereide pan en bedek met chocoladeschilfers.
h) Bak gedurende 15-19 minuten.
i) Laat het volledig afkoelen voordat je het uit de pan haalt en aansnijdt.

18. Red Velvet Pompoen Repen

Ingrediënten:
- Kleine gekookte bieten, 2
- Kokosmeel, ¼ kopje
- Biologische pompoenpitboter, 1 eetlepel
- Kokosmelk, ¼ kopje
- Vanille wei, ½ kopje
- 85% pure chocolade, gesmolten

Routebeschrijving
a) Combineer alle droge ingrediënten met elkaar behalve chocolade.
b) Roer melk over droge ingrediënten en bind goed.
c) Vorm in middelgrote staven.
d) Smelt chocolade in de magnetron en laat het een paar seconden afkoelen. Dompel nu elke reep in gesmolten chocolade en bedek ze goed.
e) Koel tot de chocolade gestold en stevig is.
f) Genieten van.

19. Chocoladeschors met gekonfijte pecannoten

Ingrediënten:
- 2 eetlepels boter
- 1 kop halve pecannoten
- 2 eetlepels licht- of donkerbruine suiker, stevig verpakt
- 2 kopjes pure chocoladeschilfers
- 2 eetlepels gekristalliseerde gember

Routebeschrijving
a) Verwarm de boter in een kleine steelpan op laag vuur gedurende 2 tot 3 minuten of tot het volledig gesmolten is. Voeg de pecannoten toe en roer 3 tot 5 minuten tot ze geurig en nootachtig zijn. Meng de lichtbruine suiker, onder voortdurend roeren, gedurende ongeveer 1 minuut of tot de pecannoten gelijkmatig bedekt zijn en beginnen te karamelliseren. Haal van het vuur.
b) Spreid gekarameliseerde pecannoten uit op bakpapier en laat afkoelen. Hak de pecannoten grof en zet apart.
c) Roer in een dubbele ketel op middelhoog vuur de pure chocoladeschilfers gedurende 5 tot 7 minuten of tot ze volledig zijn gesmolten.
d) Smeer de gesmolten chocolade op een met bakpapier beklede bakplaat.
e) Strooi gekarameliseerde pecannoten en gekristalliseerde gember er gelijkmatig over. Zet 1 tot 2 uur opzij of tot de chocolade is gestold. Snijd of breek de bast in 6 gelijke stukken.
f) Bewaring: Bewaar afgedekt in een luchtdichte verpakking in de koelkast tot 6 weken of in de vriezer tot 6 maanden.

20. Crunch Bars

Ingrediënten

- 1 kopje SunButter (elke variëteit)
- 4 eetlepels pure ahornsiroop
- 3 eetlepels kokosmeel
- 1 kopje gemalen ontbijtgranen
- Strooi roze Himalaya zeezout
- Splash of Simply Organic Foods puur vanille-extract Extra SunButter om op de toplaag te wervelen

OPTIONEEL

- Geniet van Life Foods pure chocolade stukjes
- Lepel kokosolie
- Extra roze Himalaya zeezout

Routebeschrijving

a) Combineer SunButter, ahornsiroop en vanille-extract in de keukenmachine. Meng kokosmeel, gemalen ontbijtgranen en zeezout. Er moet een deegconsistentie ontstaan. Breng over naar een met bakpapier beklede brownievorm en verdeel gelijkmatig. Zet 10 minuten in de vriezer.

b) Het is optioneel, maar smelt ondertussen een handvol chocoladeschilfers en een beetje kokosolie samen. Haal de pan uit de vriezer, besmeer met gesmolten chocolade, voeg een paar extra lepels SunButter toe en draai met een tandenstoker. Bestrooi met zeezout en zet een nachtje terug in de vriezer.

c) Verwijder de volgende dag, snijd in repen en bewaar maximaal een week in de koelkast... maar de kans is groot dat ze niet zo lang meegaan.

21. Veganistische snoeprepen

Ingrediënten

KARAMEL LAAG

- 1 kop stevig verpakte dadels zonder pit, een nacht in water geweekt
- 2 eetlepels SunButter (elke variëteit)
- 2 eetlepels kokosolie
- 2 theelepels zeezout
- 2 eetlepels yaconsiroop (of honing indien niet veganistisch)
- Rauwe cashewnoten

BASEREN

- 1 kopje Nuzest USA vanille-eiwit
- 1 kopje havermeel
- 2 eetlepels SunButter (elke variëteit)
- 2 eetlepels kokosolie
- 3/4 kop water

COATING

- Chocolade naar keuze

Routebeschrijving

a) Dadels afgieten en weekwater bewaren. Meng alle karamelingrediënten (behalve cashewnoten) in een blender tot een gladde massa. (Gebruik geen van het dadelwater.) Zet opzij.

b) Combineer Nuzest USA en havermeel in een grote kom.

c) Smelt SunButter en kokosolie samen en voeg het toe aan je bloemmengsel. Meng goed, voeg dan gereserveerd water van dadels toe en meng opnieuw. Je zou een mooie "speeldeeg"-consistentie moeten hebben.

d) Bekleed de schaal of bakvorm naar keuze met vetvrij of perkamentpapier om ze gemakkelijk te kunnen verwijderen, en druk dan het beslag in de schaal. Strooi de gewenste hoeveelheid cashewnoten over het beslag en giet de karamel over de cashewnoten.

e) Zet een paar uur in de koelkast tot de karamel stevig is geworden. Snijd in de gewenste vorm/grootte en bedek of besprenkel elk stuk met gesmolten chocolade. Bewaar in koelkast of vriezer.

22. Chocolade Kokos Proteïne Repen

Ingrediënten

- 1 kop ontpitte dadels
- 1/2 kopje SunButter
- 1/2 kopje kokosmeel
- 1/4 kop plus 3 eetlepels chocolade plantaardig eiwitpoeder
- 1/4 kop ongezoete appelmoes
- 3 eetlepels chiazaad
- Een snufje zout

Routebeschrijving

a) Voeg alle ingrediënten toe aan een keukenmachine en pulseer tot er een deeg ontstaat.

b) Druk in de broodpan, vries 1 tot 2 uur in en snijd dan in zoveel repen als je wilt!

23. Confetti Bars

Ingrediënten

FUDGE LAAG

- 2 kopjes allergievriendelijke vierkante pretzels
- 1/2 kop allergievriendelijk bakvet
- 1/2 kop SunButter (elke variëteit)
- 2 kopjes poedersuiker

CHOCOLADE MARSHMALLOW LAAG

- 1 kopje allergievriendelijke chocoladeschilfers
- 1 overvolle kop mini marshmallows

SPRINKEL LAAG

- 1 vegan witte chocoladereep
- Gehakte regenbooghagelslag

Routebeschrijving

a) Bekleed een 9x9-inch pan met perkament of vetvrij papier. Snijd spleten op elke hoek zodat het papier plat tegen de zijkanten kan liggen. Verdeel een laag pretzels gelijkmatig over de bodem van de pan.

b) Voeg bakvet en SunButter toe aan een magnetronbestendige kom. Magnetron gedurende 1 minuut en roer. Voeg poedersuiker toe aan de kom en meng goed. Giet het SunButter-mengsel langzaam over de pretzels, zodat ze allemaal bedekt zijn. Zet de pan in de vriezer terwijl je de volgende stap maakt.

c) Voeg de chocolade toe aan een middelgrote magnetronbestendige kom. Magnetron in stappen van 40 seconden en roer tot de chocolade volledig is gesmolten. Voeg marshmallows toe aan de kom en roer om met chocolade te bedekken. Haal de pan uit de vriezer en giet het chocolade-marshmallow-mengsel over de SunButter-laag en verdeel het gelijkmatig. Voeg gewone marshmallows toe tussen de chocolademarshmallows om eventuele gaten te vullen.

d) Voeg de gehakte, veganistische witte chocoladereep toe aan een kleine magnetronbestendige kom. Magnetron in stappen van 40 seconden en roer tot het volledig gesmolten is. Sprenkel de gesmolten witte chocolade over het SunButter-mengsel en bestrooi met regenbooghagelslag. Koel de repen in de koelkast of vriezer tot ze volledig zijn uitgehard. Snijd in repen van 1 inch en bewaar in een goed gesloten container in de koelkast.

24. Gezouten karamel cashew repen

Ingrediënten:
- 2 kopjes All-purpose Flour
- ½ theelepel bakpoeder
- ½ theelepel zout
- 12 Eetlepels boter, op kamertemperatuur
- 6 eetlepels ongezouten boter, in blokjes gesneden
- 1 kop lichtbruine suiker, stevig verpakt
- 1 groot ei
- 3 theelepel vanille-extract
- 1½ kopjes kristalsuiker
- 1 kop zware room
- 2 kopjes gezouten, geroosterde cashewnoten

a) Verwarm de oven tot 340 ° F (171 ° C). Bekleed een 9×13-inch (23×33 cm) bakvorm met bakpapier en zet opzij. Meng in een kleine kom bloem voor alle doeleinden, bakpoeder en ¼ theelepel zout. Opzij zetten.

b) Meng in een middelgrote kom 6 eetlepels boter, ongezouten boter en lichtbruine suiker met een elektrische mixer op gemiddelde snelheid gedurende 5 minuten tot ze licht en luchtig zijn. Voeg ei en 1 theelepel vanille-extract toe en klop gedurende 2 minuten op lage snelheid tot ze gecombineerd zijn.

c) Voeg het bloemmengsel toe en klop op gemiddelde snelheid gedurende 2 tot 3 minuten. Druk het korstmengsel in de voorbereide pan. Koel gedurende 30 minuten.

d) In een middelgrote pan met antiaanbaklaag op middelhoog vuur, verwarm kristalsuiker. Als je ziet dat suiker begint te kleuren, roer dan tot het lichtbruin is, ongeveer 5 tot 7 minuten. Voeg voorzichtig zware room toe en roer tot een gladde massa.

e) Draai het vuur laag en voeg de resterende 6 eetlepels boter, de resterende 2 theelepels vanille-extract en de resterende $\frac{1}{4}$ theelepel zout toe. Roer tot de boter is gesmolten en haal van het vuur.
f) Roer de cashewnoten door het karamelmengsel. Giet het karamel-cashewmengsel in de pan op de gekoelde korst. Bak 20 minuten tot het gaar is. Laat goed afkoelen voordat je gaat snijden.

25. Pistache karamels

Ingrediënten:
- ½ kopje boter
- 2 kopjes donkerbruine suiker, stevig verpakt
- ½ kopje donkere glucosestroop
- 2 kopjes slagroom
- ¼ theelepel zout
- 1 kop gehakte pistachenoten, geroosterd
- 2 theelepel vanille-extract

Routebeschrijving

a) Bekleed een vierkante pan van 20 cm (20 cm) met aluminiumfolie, spuit met anti-aanbakspray en zet opzij.
b) Smelt boter in een middelgrote pan op laag vuur. Voeg donkerbruine suiker, donkere glucosestroop, 1 kop zware room en zout toe. Breng aan de kook, af en toe roerend, gedurende 12 tot 15 minuten of tot het mengsel 225 °F (110 °C) bereikt op een suikerthermometer.
c) Voeg langzaam de resterende 1 kop zware room toe. Breng het mengsel aan de kook en kook nog 15 minuten of tot het 120 °C heeft bereikt. Haal van het vuur en voeg pistachenoten en vanille-extract toe. Giet in de voorbereide pan.
d) Laat minimaal 3 uur afkoelen alvorens uit de folie te halen en in 48 stukken te snijden.
e) Snijd vetvrij papier in 48 vierkanten van 7,5 cm. Plaats elke karamel in het midden van een vierkant vetvrij papier, rol het papier rond karamel en draai de uiteinden van het papier.

26. Sleutel limoen pleinen

Ingrediënten:
- 4 Eetlepels ongezouten boter, op kamertemperatuur
- 4 Eetlepels boter, op kamertemperatuur
- ½ kopje banketbakkerssuiker
- 2 kopjes plus 5 eetlepels bloem voor alle doeleinden
- 1 theelepel vanille-extract
- snufje zout
- 4 grote eieren, licht geklopt
- 1¾ kopjes kristalsuiker
- ¼ kopje limoensap
- 1 Eetlepels geraspte limoenschil

Routebeschrijving
1. Verwarm de oven tot 340 ° F (171 ° C). Smeer een 9×13-inch (23×33 cm) bakvorm licht in met anti-aanbakspray en zet opzij.
2. Klop in een grote kom ongezouten boter, boter en banketbakkerssuiker met een elektrische mixer op gemiddelde snelheid gedurende 3 tot 4 minuten of tot het licht en luchtig is.
3. Voeg bloem voor alle doeleinden, vanille-extract en zout toe en meng nog 2 tot 3 minuten of tot alles goed gemengd is.
4. Druk het deeg in de bodem van de voorbereide pan. Bak gedurende 20 tot 23 minuten, tot ze licht goudbruin zijn. Laat de korst 10 minuten afkoelen.
5. Klop in een grote kom eieren en kristalsuiker door elkaar. Voeg het limoensap en de limoenrasp toe en klop goed door.
6. Giet het mengsel over de afgekoelde korst en bak gedurende 23 tot 25 minuten of tot het gaar is. Laat volledig afkoelen voordat je het in 12 vierkanten snijdt.

7. Bewaring: goed verpakt in plasticfolie maximaal 5 dagen in de koelkast bewaren.

27. Toffeeblokjes met gekonfijt spek

Ingrediënten:
- 8 plakjes spek
- ¼ kopje lichtbruine suiker, stevig verpakt
- 8 Eetlepels boter, verzacht
- 2 eetlepels ongezouten boter, verzacht
- ⅓ kopje donkerbruine suiker, stevig verpakt
- ⅓ kopje banketbakkerssuiker
- 1½ kopjes bloem voor alle doeleinden
- ½ theelepel zout
- ½ kopje toffee stukjes
- 1 kopje donkere chocoladeschilfers
- ⅓ kopje gehakte amandelen

Routebeschrijving

a) Verwarm de oven tot 350 ° F (180 ° C). In een middelgrote kom, gooi spek en lichtbruine suiker, en schik in een enkele laag op een bakplaat.

b) Bak 20 tot 25 minuten of tot het spek goudbruin en krokant is. Haal uit de oven en laat 15 tot 20 minuten afkoelen. Snijd in kleine stukjes.

c) Verlaag de oventemperatuur tot 340 ° F (171 ° C). Bekleed een 9 × 13-inch (23 × 33 cm) bakvorm met aluminiumfolie, spuit met anti-aanbakspray en zet opzij.

d) Meng in een grote kom boter, ongezouten boter, donkerbruine suiker en banketbakkerssuiker met een elektrische mixer op gemiddelde snelheid tot het licht en luchtig is. Voeg bloem en zout voor alle doeleinden geleidelijk toe en meng tot het net is gecombineerd. Roer ¼ kopje toffee-stukjes erdoor tot ze gelijkmatig zijn verdeeld.

e) Druk het deeg in de voorbereide pan en bak 25 minuten of tot ze goudbruin zijn. Haal uit de oven, bestrooi met pure chocoladeschilfers en laat 3 minuten staan of tot de chips zacht zijn.
f) Verdeel de zachte chocolade gelijkmatig over de bovenkant en bestrooi met amandelen, gekonfijt spek en de resterende kopje toffee-stukjes. Laat 2 uur afkoelen of tot de chocolade gestold is. Snijd in 16 vierkanten van 5 cm.
g) Bewaren: In een luchtdichte verpakking in de koelkast maximaal 1 week bewaren.

28. Karamel Walnoot Dream Bars

Ingrediënten:
- 1 doos gele cakemix
- 3 eetlepels boter verzacht
- 1 ei
- 14 ons gezoete gecondenseerde melk
- 1 ei
- 1 theelepel puur vanille-extract
- 1/2 kopje walnoten fijngemalen
- 1/2 kop fijngemalen toffee stukjes

Routebeschrijving:
a) Verwarm de oven voor op 350. Bereid een rechthoekige cakevorm voor met kookspray en zet opzij.
b) Combineer cakemix, boter en een ei in een mengkom en mix tot een kruimelig geheel. Druk het mengsel op de bodem van de voorbereide pan en zet opzij.
c) Meng in een andere mengkom melk, het resterende ei, extract, walnoten en toffeestukjes.
d) Meng goed en giet over de bodem in de pan. Bak gedurende 35 minuten.

29. Chronische pecannootrepen

- 2 kopjes Pecannoothelften
- 1 kopje cassavemeel
- 1/2 kopje gouden lijnzaadmaaltijd
- 1/2 kop ongezoete geraspte kokosnoot
- 1/2 kopje kokosolie
- 1/4 kop Honing
- 1/4 theelepel Vloeibare Stevia

Routebeschrijving

1. Meet 2 kopjes pecannoothelften af en bak 6-8 minuten op 350F in de oven. Net genoeg om wanneer ze aromatisch beginnen te worden.
2. Haal de pecannoten uit de oven en doe ze in een plastic zak. Gebruik een deegroller om ze in stukjes te hakken. Het maakt niet zoveel uit over de consistentie,

3. Meng de droge ingrediënten in een kom: 1 kopje cassavemeel, 1/2 kopje gouden lijnzaadmeel en 1/2 kopje ongezoete geraspte kokosnoot.
4. Voeg de gemalen pecannoten toe aan de kom en meng opnieuw.
5. Voeg ten slotte de 1/2 kop kokosolie, 1/4 kop honing en 1/4 theelepel vloeibare stevia toe. Mix dit goed door elkaar tot er een kruimelig deeg ontstaat.
6. Druk het deeg in een ovenschaal.
7. Bak 20-25 minuten op 350F, of tot de randen lichtbruin zijn.
8. Haal uit de oven; laat gedeeltelijk afkoelen en minstens 1 uur in de koelkast.
9. Snijd in 12 plakken en verwijder ze met een spatel.

30. Amandelboter chia vierkanten

Ingrediënten

- 1/2 kopje Rauwe Amandelen
- 1 eetlepels + 1 theelepel kokosolie
- Eetlepels NU Erythritol
- 2 Eetlepels Boter
- 1/4 kop zware room
- 1/4 theelepel Vloeibare Stevia
- 1 1/2 theelepel vanille-extract

Routebeschrijving

1. Voeg 1/2 kop Rauwe Amandelen toe aan een pan en rooster ongeveer 7 minuten op middelhoog vuur. Net genoeg zodat je de nootachtigheid begint te ruiken die eruit komt.
2. Voeg de noten toe aan de keukenmachine en maal ze fijn.
3. Zodra ze een melige consistentie hebben bereikt, voeg je NU 2 eetlepels erythritol en 1 theelepel kokosolie toe.
4. Ga door met het malen van amandelen tot amandelboter is gevormd, boter bruin is.
5. Zodra de boter bruin is, voeg je 1/4 kop zware room, 2 eetlepels NU Erythritol, 1/4 theelepel vloeibare stevia en 1 1/2 theelepel vanille-extract toe aan de boter. Draai het vuur laag en roer goed terwijl de room borrelt.
6. Maal 1/4 kop chiazaden in een kruidenmolen tot een poeder is gevormd.
7. Begin met het roosteren van chiazaden en 1/2 kop ongezoete geraspte kokosvlokken in een pan op middelhoog vuur. Je wilt dat de kokosnoot net een beetje bruin wordt.

8 Voeg amandelboter toe aan het mengsel van boter en zware room en roer het er goed door. Laat het inkoken tot een pasta.
9 Voeg in een vierkante (of welke maat je maar wilt) ovenschaal het amandelbotermengsel, het geroosterde chia- en kokosmengsel en 1/2 kop kokosroom toe. Je kunt de kokosroom in een pan doen om het een beetje te laten smelten voordat je het toevoegt.
10 Voeg 1 Eetlepels Kokosolie en 2 Eetlepels Kokosmeel toe en meng alles goed door elkaar.
11 Pak het mengsel met je vingers goed in de ovenschaal.
12 Zet het mengsel minimaal een uur in de koelkast en haal het dan uit de ovenschaal. Het zou nu vorm moeten hebben.
13 Snijd het mengsel in vierkanten of elke gewenste vorm en zet het nog minstens een paar uur in de koelkast. Je kunt overtollig mengsel gebruiken om meer vierkanten te vormen, maar ik at het in plaats daarvan.
14 Haal het eruit en snack erop zoals je wilt!

31. Chocolade Proteïne Notenrepen

Porties: 12 repen

Ingrediënten:
- 100% pure notenboter, 250 g
- Geroosterd lellenzaad, 1 ½ theelepel
- Vetvrije yoghurt, 110 g
- 100% Whey eiwitpoeder, 100 g
- Kaneel, 1 ½ theelepel
- Rauwe cacao nibs, 4 theelepels
- 85% pure chocolade, 100 g
- Puur vanille-extract, 1 eetlepel
- 100% Erwtenproteïnepoeder, 30 g

Routebeschrijving

a) Voeg alle ingrediënten behalve chocolade toe aan de keukenmachine en pulseer tot een gladde massa.

b) Maak 12 repen van het mengsel en zet ze 30 minuten in de koelkast.

c) Als de repen stevig zijn, smelt u de chocolade in de magnetron en dompelt u elke reep erin en smeert u ze goed in.

d) Leg de gecoate repen op een met bakpapier beklede plaat en zet opnieuw 30 minuten in de koelkast of tot de chocolade stevig is.

e) Genieten van.

32. Duitse Chocolade Eiwitrepen

Porties: 12 repen

Ingrediënten:
- Haver, 1 kop
- Geraspte kokosnoot, ½ kopje + ¼ kopje, verdeeld
- Soja-eiwitpoeder, ½ kopje
- Pecannoten, ½ kopje + ¼ kopje, gehakt, verdeeld
- Water, tot ¼ kopje
- Cacaopoeder, ¼ kopje
- Vanille-extract, 1 theelepel
- Cacao nibs, 2 eetlepels
- Zout, ¼ theelepel
- Medjool dadels, 1 kop, ontpit en 30 minuten geweekt

Routebeschrijving

a) Verwerk haver tot fijne bloem, voeg dan cacaopoeder en eiwitpoeder toe, verwerk opnieuw.

b) Laat intussen de dadels uitlekken en doe ze in de keukenmachine. Puls gedurende 30 seconden en voeg dan ½ kopje geraspte kokosnoot en ½ kopje pecannoot toe, gevolgd door zout en vanille.

c) Verwerk opnieuw en blijf beetje bij beetje water toevoegen en vorm deeg.

d) Doe het deeg in een grote kom en voeg de resterende pecannoten en kokos toe, gevolgd door cacaonibs.

e) Leg het deeg op bakpapier en bedek het met een ander bakpapier en vorm een dik vierkant.

f) Zet 2 uur in de koelkast, verwijder dan het bakpapier en snijd in 12 repen van de gewenste lengte.

33. Blueberry Bliss Proteïnerepen

Ingrediënten:
- 100% pure, onbesmette havermout, 1 + ½ kopjes
- Pepita's, 1/3 kop
- Hele amandelen, ¾ kopje
- Ongezoete appelmoes kopje
- Gedroogde bosbessen, ½ volle kop
- Zonnebloempitten, ¼ kopje
- Amandelboter, 1 kop
- Ahornsiroop, 1/3 kop
- Walnoten, 1/3 kop
- Pistachenoten, ½ kopje
- Gemalen lijnzaad, 1/3 kop

Routebeschrijving

a) Bekleed een bakvorm met vetvrij papier en houd apart.

b) Meng in een grote kom havermout, amandelen, zonnebloempitten, gedroogde bessen, walnoten, pistachenoten, lijnzaad en pepita's.

c) Sprenkel de appelmoes en ahornsiroop erover en meng goed.

d) Voeg nu boter toe en meng goed.

e) Breng het beslag over in de pan en strijk het er van bovenaf uit.

f) Een uur invriezen. Als het mengsel volledig is uitgehard, draai je het op het aanrecht.

g) Snijd in de gewenste dikte en lengte in 16 repen.

34. Chocolate Chip Pindakaas Eiwitrepen

Ingrediënten:
- Kokosmeel, ¼ kopje
- Vanille crème stevia, 1 theelepel
- Pindameel, 6 eetlepels
- Vanille-extract, 1 theelepel
- Zout, ¼ theelepel
- Miniatuurchocoladeschilfers, 1 eetlepel
- Kokosolie, 1 theelepel, gesmolten en iets afgekoeld
- Soja-eiwitisolaat, 6 eetlepels
- Ongezoete cashewmelk, ½ kopje + 2 eetlepels

Routebeschrijving

a) Bekleed een broodvorm met vetvrij papier. Houd opzij.
b) Combineer beide meelsoorten met soja-eiwit en zout.
c) Roer in een andere kom kokosmelk met stevia, cashewmelk en vanille. Giet dit mengsel beetje bij beetje bij het bloemmengsel en roer goed door elkaar.
d) Voeg nu ½ chocoladeschilfers toe en spatel ze voorzichtig door het mengsel.
e) Breng het mengsel over in de voorbereide broodvorm en verdeel het gelijkmatig met een spatel.
f) Bedek met de resterende chocoladeschilfers en bevries gedurende 3 uur.
g) Snijd in gewenste dikte en lengte.

35. Rauwe Pompoen Hennepzaad Eiwitrepen

Ingrediënten:
- Medjool dadels, kopje, ontpit
- Vanille-extract, ½ theelepel
- Pompoenpitten, ¼ kopje
- Zout, ¼ theelepel
- Kaneel, ½ theelepel
- Hennepzaadboter, ½ kopje
- Nootmuskaat, ¼ theelepel
- Water, ¼ kopje
- Rauwe haver, 2 kopjes
- Chiazaad, 2 eetlepels

Routebeschrijving

a) Bekleed een bakvorm met bakpapier en houd apart. Week de dadels 30 minuten en mix dan tot een gladde massa.

b) Breng het mengsel over in een kom en voeg hennepboter toe en meng goed.

c) Voeg nu de resterende ingrediënten toe en spatel voorzichtig door zodat ze goed worden opgenomen.

d) Breng over naar de pan en strijk glad met een spatel.

e) Zet 2 uur in de koelkast en snijd in 16 repen.

36. Gember Vanille Proteïne Crunch Bars

Ingrediënten:
- Boter, 2 eetlepels
- Haver, 1 kop
- Rauwe amandelen, ½ kopje, gehakt
- Kokosmelk, ¼ kopje
- Geraspte kokosnoot, ¼ kopje
- Eiwitpoeder (Vanille), 2 schepjes
- Ahornsiroop, ¼ kopje
- Gekristalliseerde gember, ½ kopje, gehakt
- Cornflakes, 1 kop, fijngestampt tot volumineuze kruimels
Zonnebloempitten, ¼ kop

Routebeschrijving

a) Smelt boter in een pan en voeg ahornsiroop toe. Goed roeren.

b) Voeg melk toe, gevolgd door eiwitpoeder en roer goed om te combineren. Wanneer het mengsel verandert in een gladde consistentie, zet u het vuur uit.

c) Voeg in een grote kom zonnebloempitten, amandelen, haver, cornflakes en ¾ gemberstukjes toe.

d) Giet het mengsel op de droge ingrediënten en roer goed door elkaar.

e) Breng over naar een bakvorm met vetvrij papier en verdeel het in een gelijkmatige laag.

f) Bedek met de resterende gember en kokosnoot. Bak gedurende 20 minuten op 325 F. Laat het afkoelen voordat je het snijdt.

37. Pindakaas Pretzel Bars

Ingrediënten:
- Sojachips, 5 kopjes
- Water, ½ kopje
- Mini krakeling twists, 6, grof gehakt
- Pindakaaspoeder, 6 eetlepels
- Pinda's, 2 eetlepels, grof gehakt
- Soja-eiwitpoeder, 6 eetlepels
- Pindakaaschips, 2 eetlepels, gehalveerd Agave, 6 eetlepels

Routebeschrijving
a) Spuit een bakvorm in met kookspray en houd apart.
b) Verwerk de sojachips in de keukenmachine en voeg toe aan een kom.
c) Voeg eiwitpoeder toe en meng.
d) Verhit een pan en voeg water, agave en boterpoeder toe. Roer tijdens het koken op middelhoog vuur gedurende 5 minuten. Laat het mengsel een paar seconden koken en vervolgens het sojamengsel onder voortdurend roeren.
e) Breng het mengsel over in de voorbereide pan en bestrooi met pretzels, pinda's en pindakaaschips.
f) Koel tot het stevig is. Snijd in repen en geniet.

38. Cranberry Amandel Eiwitrepen

.Ingrediënten:

- Geroosterde zeezout amandelen, 2 kopjes
- Ongezoete kokosvlokken, ½ kopje
- Gepofte rijstgraan, 2/3 kopjes
- Vanille-extract, 1 theelepel
- Gedroogde veenbessen, 2/3 kopjes
- Hennepzaden, 1 volle eetlepel
- Bruine rijstsiroop, 1/3 kop honing, 2 eetlepels

Routebeschrijving

a) Combineer amandelen met veenbessen, hennepzaad, rijstgraan en kokosnoot. Houd opzij.
b) Voeg in een pan honing toe, gevolgd door vanille en rijstsiroop. Roer en kook gedurende 5 minuten.
c) Giet de saus over de droge ingrediënten en roer snel om te combineren.
d) Breng het mengsel over op een voorbereide bakplaat en verdeel het in een gelijkmatige laag.
e) Koel gedurende 30 minuten.
f) Als ze klaar zijn, snijd ze in repen van de gewenste grootte en geniet ervan.

39. Triple Chocolate Protein Cake Bars

Ingrediënten:
- Havermeel, 1 kop
- Zuiveringszout, ½ theelepel
- Amandelmelk, kopje
- Chocolade whey eiwitpoeder, 1 schepje
- Stevia bakmix, kopje
- Amandelmeel, ¼ kopje
- Pure chocoladeschilfers, 3 eetlepels
- Zout, ¼ theelepel
- Walnoten, 3 eetlepels, gehakt
- Ongezoet donker cacaopoeder, 3 eetlepels
- Ongezoete appelmoes, 1/3 kop
- Ei, 1
- Gewone Griekse yoghurt, ¼ kopje
- Vloeibaar eiwit, 2 eetlepels
- Vanille whey eiwitpoeder, 1 schepje

Routebeschrijving

a) Verwarm de oven voor op 350 F.
b) Vet een bakvorm in met bakspray en houd apart.
c) Combineer beide meelsoorten in een grote kom met zout, bakpoeder, zowel eiwitpoeders als donkere cacaopoeder. Houd opzij.
d) Klop in een andere kom eieren met stevia en klop tot alles goed gemengd is, voeg dan de resterende natte ingrediënten toe en klop opnieuw.

e) Roer het natte mengsel geleidelijk door het droge mengsel en klop goed om te combineren.
f) Voeg walnoten en chocoladeschilfers toe, vouw ze voorzichtig dicht.
g) Breng het mengsel over in de voorbereide pan en bak 25 minuten.
h) Laat afkoelen voordat je het uit de pan haalt en in plakjes snijdt

40. Frambozen-Chocoladerepen

Ingrediënten:

- Pinda- of amandelboter, ½ kopje
- Lijnzaad, ¼ kopje
- Blauwe agave, 1/3 kop
- Chocolade-eiwitpoeder, ¼ kopje
- Frambozen, ½ kopje
- Instant havermout, 1 kop

Routebeschrijving

a) Combineer pindakaas met agave en kook op laag vuur, onder voortdurend roeren.
b) Wanneer het mengsel een gladde textuur vormt, voeg je het toe aan de haver, lijnzaad en eiwit. Goed mengen.
c) Voeg frambozen toe en vouw voorzichtig.
d) Breng het beslag over in de voorbereide pan en vries een uur in.
e) Snijd in 8 repen als ze stevig zijn en geniet ervan.

41. Pindakaas Koekjesdeegrepen

Ingrediënten:
- Havermout, ¼ kopje
- Pindakaas, 3 eetlepels
- Eiwitpoeder, ½ kopje
- Zout, een snuifje
- Grote Medjool dadels, 10
- Rauwe cashewnoten, 1 kop
- Ahornsiroop, 2 eetlepels Hele pinda's, voor garnering

Routebeschrijving

a) Maal de havermout in de keukenmachine tot fijne bloem.
b) Voeg nu alle ingrediënten toe behalve de hele pinda's en verwerk tot een gladde massa.
c) Proef en maak eventueel aanpassingen.
d) Breng het mengsel over in een broodvorm en bedek met hele pinda's.
e) Koel gedurende 3 uur. Als het mengsel stevig is, plaats je het op het aanrecht en snijd je het in 8 repen van de gewenste lengte.

42. Muesli Eiwitrepen

Ingrediënten:
- Ongezoete amandelmelk, ½ kopje
- Honing, 3 eetlepels
- Quinoa, ¼ kopje, gekookt
- Chiazaad, 1 theelepel
- Meel, 1 eetlepel
- Chocolade eiwitpoeder, 2 schepjes
- Chocoladeschilfers, ¼ kopje
- Kaneel, ½ theelepel
- Rijpe banaan, , gepureerd
- Amandelen, ¼ kopje, in plakjes
- Muesli, 1 ½ kopje, van je favoriete merk

Routebeschrijving

a) Verwarm de oven voor op 350 F.
b) Roer amandelmelk met bananenpuree, chiazaden en honing in een middelgrote kom en houd apart.
c) Meng in een andere kom de resterende ingrediënten en hussel goed door elkaar.
d) Giet nu het amandelmelkmengsel over de droge ingrediënten en vouw alles goed door elkaar.
e) Doe het beslag in een bakvorm en bak 20-25 minuten.
f) Laat afkoelen alvorens uit de pan te halen en aan te snijden.

43. Worteltaart Eiwitrepen

Ingrediënten:

Voor de staven:
- Havermeel, 2 kopjes
- Zuivelvrije melk, 1 eetlepel
- Gemengde kruiden, 1 theelepel
- Vanille-eiwitpoeder, ½ kopje
- Wortelen, ½ kopje, gepureerd
- Kaneel, 1 eetlepel
- Kokosmeel, ½ kopje, gezeefd
- Bruine rijstsiroop, ½ kopje
- Gegranuleerde zoetstof naar keuze, 2 eetlepels
- Amandelboter, ¼ kopje

Voor het glazuur:
- Vanille-eiwitpoeder, 1 maatschepje
- Kokosmelk, 2-3 eetlepels
- Roomkaas, ¼ kopje

Routebeschrijving

a) Om eiwitrepen te bereiden, combineer je bloem met gemengde kruiden, eiwitpoeder, kaneel en zoetstof.
b) In een andere, maar meng boter met vloeibare zoetstof en magnetron gedurende een paar seconden tot het gesmolten is.
c) Breng dit mengsel over naar de bloemkom en meng goed.
d) Voeg nu wortels toe en vouw voorzichtig.
e) Voeg nu geleidelijk melk toe, onder voortdurend roeren tot de gewenste consistentie is bereikt.

f) Breng over naar een voorbereide pan en zet 30 minuten in de koelkast.
g) Maak ondertussen glazuur en combineer eiwitpoeder met roomkaas.
h) Voeg geleidelijk melk toe en roer goed om de gewenste textuur te krijgen.
i) Wanneer het mengsel is uitgehard, snijdt u in repen van de gewenste lengte en schuimt u het glazuur over elke reep.

44. Sinaasappel- en Goji-bessenrepen

Ingrediënten:

- Vanille wei-eiwitpoeder, ½ kopje
- Sinaasappelschil, 1 eetlepel, geraspt
- Gemalen amandelen, ¾ kopje
- 85% pure chocolade, 40 g, gesmolten
- Kokosmelk, ¼ kopje
- Kokosmeel, ¼ kopje
- Chilipoeder, 1 theelepel
- Vanille-essence, 1 eetlepel
- Goji-bessen, ¾ kopje

Routebeschrijving

a) Combineer eiwitpoeder met kokosmeel in een kom.
b) Voeg de overige ingrediënten toe aan het bloemmengsel.
c) Roer de melk en meng goed.
d) Vorm staafjes van het beslag en leg ze op een vel.
e) Smelt de chocolade en laat een paar minuten afkoelen, dompel elke reep vervolgens in de gesmolten chocolade en leg ze op de bakplaat.
f) Koel tot de chocolade helemaal stevig is.
g) Genieten van.

45. Aardbeien Rijpe Eiwitreep

Ingrediënten:

- Gevriesdroogde aardbeien, 60 g
- Vanille, ½ theelepel
- Ongezoete geraspte kokos, 60 g
- Ongezoete amandelmelk, 60 ml
- Niet-gearomatiseerde wei-eiwitpoeder, 60 g Pure chocolade, 80 g

Routebeschrijving

a) Verwerk gedroogde aardbeien tot ze geaard zijn en voeg dan wei, vanille en kokosnoot toe. Verwerk opnieuw tot een fijngemalen mengsel is gevormd.
b) Roer de melk door het mengsel en verwerk tot alles goed is opgenomen.
c) Bekleed een broodvorm met vetvrij papier en breng het mengsel erin over.
d) Gebruik een spatel om het mengsel gelijkmatig te verdelen.
e) Koel tot het mengsel is gestold.
f) Donkere chocolade 30 seconden in de magnetron. Roer goed totdat het glad en volledig gesmolten is.
g) Laat de chocolade iets afkoelen en snijd ondertussen het aardbeienmengsel in acht repen van de gewenste dikte.
h) Dompel nu elke reep één voor één in de chocolade en bedek ze goed.
i) Leg gecoate staven op een lijnbakplaat. Zodra alle repen gecoat zijn, zet u ze in de koelkast tot de chocolade hard en stevig is.

46. Mokka Eiwitrepen

Ingrediënten:

- Amandelmeel, 30 g
- Kokosmeel, 30 g
- Espresso, 60 g, vers gebrouwen en gekoeld
- Niet-gearomatiseerde wei-eiwitisolaat, 60 g
- Kokossuiker, 20 g
- Ongezoet cacaopoeder, 14 g
- Pure chocolade met 70%-85% cacaobestanddelen, 48 g

Routebeschrijving

a) Combineer alle droge ingrediënten samen.
b) Roer de espresso en klop goed door elkaar zodat er geen klontjes ontstaan.
c) Het mengsel zal op dit punt in een gladde bal veranderen.
d) Verdeel het in zes stukken van gelijke grootte en vorm van elk stuk een reep. Leg de staven op een vel en bedek het met plastic. Zet een uur in de koelkast.
e) Zodra de repen zijn ingesteld, magnetron donkere chocolade en roer tot gesmolten.
f) Smeer elke reep in gesmolten chocolade en leg ze op een met was beklede bakplaat.
g) Sprenkel de resterende chocolade erover in een swirl-patroon en zet opnieuw in de koelkast tot de chocolade stevig is.

47. Banaan Chocolade Eiwitrepen

Ingrediënten:

- Gevriesdroogde banaan, 40g
- Amandelmelk, 30 ml
- Proteïnepoeder-isolaat met banaansmaak, 70 g
- 100% pindakaas, 25 g
- Glutenvrije havermout, 30 g
- 100% chocolade, 40 g
- Zoetstof, naar smaak

Routebeschrijving

a) Gemalen banaan in keukenmachine. Voeg nu eiwitpoeder en haver toe, verwerk opnieuw tot het fijngemalen is.
b) Roer de resterende ingrediënten behalve chocolade en verwerk opnieuw tot een gladde massa.
c) Breng het mengsel over in een met bakpapier beklede broodvorm en dek af met plastic. Koel tot het stevig is.
d) Wanneer de staven zijn ingesteld, snijd ze in vier staven.
e) Smelt nu chocolade in de magnetron en laat het iets afkoelen voordat je elke bananenreep erin doopt. Dek de repen goed af en zet de repen weer in de koelkast tot de chocolade stevig is.

48. Hemelse rauwe repen

Ingrediënten:

- Kokosmelk, 2 eetlepels
- Ongezoet cacaopoeder, indien nodig
- Eiwitpoeder, 1 ½ schepjes
- Lijnzaadmeel, 1 eetlepel

Routebeschrijving

a) Combineer alle ingrediënten samen.
b) Vet een bakvorm in met far-free kookspray en doe het beslag erin.
c) Laat het mengsel op kamertemperatuur staan tot het stevig is.

49. Monsterbars

Ingrediënten:

- 1/2 kop boter, verzacht
- 1 kopje bruine suiker, verpakt
- 1 kop suiker
- 1-1/2 kop romige pindakaas
- 3 eieren, losgeklopt
- 2 t. vanille-extract
- 2 t. natriumcarbonaat
- 4-1/2 kop snelkokende haver, ongekookt
- 1 kopje halfzoete chocoladeschilfers
- 1 kop chocolaatjes met snoeplaagje

a) Meng in een grote kom alle ingrediënten in de aangegeven volgorde. Verspreid het deeg in een ingevette 15 "x 10" jelly-roll pan.
b) Bak op 350 graden gedurende 15 minuten, of tot ze licht goudbruin zijn.
c) Koel en snijd in repen. Maakt ongeveer 1-1/2 dozijn.

50. Bosbessenkruimelrepen

Ingrediënten:
- 1-1 / 2 kopsuiker, verdeeld
- 3 c. bloem voor alle doeleinden
- 1 theelepel bakpoeder
- 1/4 t. zout
- 1/8 t. kaneel
- 1 kopje bakvet
- 1 ei, losgeklopt
- 1 theelepel maizena
- 4 c. bosbessen

a) Roer een kopje suiker, bloem, bakpoeder, zout en kaneel door elkaar.
b) Gebruik een deegsnijder of vork om bakvet en ei in te snijden; deeg zal kruimelig zijn.
c) Pat de helft van het deeg in een ingevette 13 "x9" bakvorm; opzij zetten.
d) Roer in een aparte kom maizena en resterende suiker door elkaar; vouw voorzichtig de bessen erdoor.
e) Strooi het bosbessenmengsel gelijkmatig over het deeg in de pan.
f) Verkruimel het resterende deeg erover. Bak op 375 graden gedurende 45 minuten, of tot de bovenkant licht goudbruin is. Laat volledig afkoelen voordat u in vierkanten snijdt. Maakt een dozijn.

51. Gumdrop Bars

Ingrediënten:
- 1/2 kop boter, gesmolten
- 1/2 t. bakpoeder
- 1-1/2 kop bruine suiker, verpakt
- 1/2 t. zout
- 2 eieren, losgeklopt
- 1/2 kop gehakte noten
- 1-1/2 kopje bloem voor alle doeleinden
- 1 kopje gumdrops, gehakt
- 1 theelepel vanille-extract
- Garneer: poedersuiker

a) Meng in een grote kom alle ingrediënten behalve de poedersuiker.
b) Verspreid het deeg in een ingevette en met bloem bestoven 13"x9" bakvorm. Bak op 350 graden gedurende 25 tot 30 minuten, tot ze goudbruin zijn.
c) Bestrooi met poedersuiker. Koel; in repen snijden. Maakt 2 dozijn.

52. Gezouten notenbroodjes

Ingrediënten:

- 18-1 / 2 ounce pakket gele cakemix
- 3/4 kop boter, gesmolten en verdeeld
- 1 ei, losgeklopt
- 3 c. mini-marshmallows
- 10-ounce pakket pindakaaschips
- 1/2 kop lichte glucosestroop
- 1 theelepel vanille-extract
- 2 c. gezouten pinda's
- 2 c. krokante rijstgraan

a) Meng in een kom droge cakemix, 1/4 kop boter en ei; druk het deeg in een ingevette 13 "x9" bakvorm. Bak op 350 graden gedurende 10 tot 12 minuten.

b) Strooi marshmallows over gebakken korst; keer terug naar de oven en bak nog 3 minuten, of tot de marshmallows gesmolten zijn. Smelt in een pan op middelhoog vuur pindakaaschips, glucosestroop, resterende boter en vanille.

c) Roer de noten en granen erdoor. Verdeel het pindakaasmengsel over de marshmallowlaag. Chill tot stevig; in vierkanten snijden. Maakt 2-1 / 2 dozijn.

53. Kersenrepen uit het Zwarte Woud

Ingrediënten:
- 3 21-oz. blikken kersentaart vulling, verdeeld
- 18-1/2 ounce pakket chocoladetaartmix
- 1/4 kop olie
- 3 eieren, losgeklopt
- 1/4 kop cognac of kersensap met kersensmaak
- 6-ounce pakket halfzoete chocoladeschilfers
- Optioneel: slagroom topping

a) Zet 2 blikken taartvulling in de koelkast tot het afgekoeld is. Gebruik een elektrische mixer op lage snelheid om het resterende blikje taartvulling, droge cakemix, olie, eieren en cognac of kersensap samen te kloppen tot alles goed gemengd is.
b) Roer de chocoladeschilfers erdoor.
c) Giet het beslag in een licht ingevette 13"x9" bakvorm. Bak 25 tot 30 minuten op 350 graden, totdat een tandenstoker schoon is; chillen. Verdeel voor het serveren de gekoelde taartvulling gelijkmatig over de bovenkant.
d) Snijd in repen en serveer met opgeklopte topping, indien gewenst. Serveert 10 tot 12.

54. Cranberry-popcornrepen

Ingrediënten:
- 3-ounce pakket magnetron popcorn, gepoft
- 3/4 kop witte chocoladeschilfers
- 3/4 kop gezoete gedroogde veenbessen
- 1/2 kop gezoete kokosvlokken
- 1/2 kop geschaafde amandelen, grof gehakt
- 10-ounce pakket marshmallows
- 3 T. boter

a) Bekleed een 13 "x9" bakvorm met aluminiumfolie; spray met non-stick groentespray en zet opzij. Meng in een grote kom popcorn, chocoladeschilfers, veenbessen, kokosnoot en amandelen; opzij zetten. Roer in een pan op middelhoog vuur de marshmallows en boter tot ze gesmolten en glad zijn.

b) Giet over het popcornmengsel en gooi om volledig te coaten; snel overbrengen naar de voorbereide pan.

c) Leg er een vel vetvrij papier overheen; stevig aandrukken. Koel gedurende 30 minuten, of tot het stevig is. Til de staven uit de pan en gebruik folie als handvatten; verwijder folie en vetvrij papier. Snijd in repen; koel nog eens 30 minuten. Maakt 16.

55. Hallo Dolly Bars

Ingrediënten:

- 1/2 kopje margarine
- 1 kopje graham cracker kruimels
- 1 kopje gezoete kokosvlokken
- 6-ounce pakket halfzoete chocoladeschilfers
- 6-ounce pakket butterscotch chips
- 14-oz. kan gezoete gecondenseerde melk
- 1 kop gehakte pecannoten

a) Meng margarine en graham cracker kruimels; druk in een licht ingevette 9 "x9" bakvorm. Laag met kokos, chocoladeschilfers en butterscotch-chips.

b) Giet gecondenseerde melk erover; bestrooi met pecannoten. Bak op 350 graden gedurende 25 tot 30 minuten. Laten afkoelen; in repen snijden. Maakt 12 tot 16.

56. Ierse Cream Bars

Ingrediënten:
- 1/2 kop boter, verzacht
- 3/4 kop plus 1 eetlepel bloem voor alle doeleinden, verdeeld
- 1/4 kop poedersuiker
- 2 T. cacao bakken
- 3/4 kop zure room
- 1/2 kop suiker
- 1/3 kopje Ierse roomlikeur
- 1 ei, losgeklopt
- 1 theelepel vanille-extract
- 1/2 kop slagroom
- Optioneel: hagelslag

a) Roer in een kom boter, 3/4 kop bloem, poedersuiker en cacao door elkaar tot een zacht deeg ontstaat.
b) Druk het deeg in een niet-ingevette 8"x 8" bakvorm. Bak 10 minuten op 350 graden.
c) Klop ondertussen in een aparte kom de resterende bloem, zure room, suiker, likeur, ei en vanille door elkaar.
d) Meng goed; giet over gebakken laag. Keer terug naar de oven en bak nog eens 15 tot 20 minuten, tot de vulling is gestold.
e) Iets afkoelen; ten minste 2 uur in de koelkast voordat u in repen snijdt. Klop in een kleine kom, met een elektrische mixer op hoge snelheid, de slagroom tot zich stijve pieken vormen.
f) Serveer repen gegarneerd met klodders slagroom en hagelslag, indien gewenst.

g) Koel bewaren. Maakt 2 dozijn.

57. Bananen Swirl Bars

Ingrediënten:
- 1/2 kop boter, verzacht
- 1 kop suiker
- 1 ei
- 1 theelepel vanille-extract
- 1-1 / 2 kop bananen, gepureerd
- 1-1 / 2 kopje bloem voor alle doeleinden
- 1 theelepel bakpoeder
- 1 theelepel bakpoeder
- 1/2 t. zout
- 1/4 kop bakcacao

a) Klop in een kom boter en suiker door elkaar; voeg ei en vanille toe. Meng goed; bananen erdoor roeren. Opzij zetten. Meng in een aparte kom bloem, bakpoeder, bakpoeder en zout; mix door het botermengsel. Verdeel het beslag in twee; voeg cacao toe aan de ene helft.

b) Giet gewoon beslag in een ingevette 13 "x9" bakvorm; schep chocoladebeslag erop. Wervel met een tafelmes; bak 25 minuten op 350 graden.

c) Koel; in repen snijden. Maakt 2-1 / 2 tot 3 dozijn.

58. Pompoen Cheesecake Bars

Ingrediënten:
- 16-ounce pakket pond cakemix
- 3 eieren, verdeeld
- 2 T. margarine, gesmolten en licht afgekoeld
- 4 t. pompoentaartkruid, verdeeld
- 8-ounce pakket roomkaas, verzacht
- 14-oz. kan gezoete gecondenseerde melk
- 15-oz. kan pompoen
- 1/2 t. zout

a) Meng in een grote kom de droge cakemix, een ei, margarine en 2 theelepels pompoentaartkruiden; mix tot het kruimelig is. Druk het deeg in een ingevette 15 "x 10" jelly-roll pan. Klop de roomkaas in een aparte kom luchtig.

b) Klop de gecondenseerde melk, pompoen, zout en de resterende eieren en kruiden erdoor. Goed mengen; over de korst verdelen. Bak op 350 graden gedurende 30 tot 40 minuten. Koel; in de koelkast voordat u in repen snijdt. Maakt 2 dozijn.

59. Mueslirepen

Ingrediënten:

- Pompoenpitten, ½ kopje
- Honing, ¼ kopje
- Hennep zaden. 2 eetlepels
- Kokosmeel, ½ kopje
- Kaneel, 2 theelepels
- Artisjokpoeder, 1 eetlepel
- Vanille-eiwitpoeder, ¼ kopje
- Kokosboter, 2 eetlepels
- Goji-bessen, 1/3 kop
- Pistachenoten, ½ kopje, gehakt
- Zout, een snuifje
- Kokosolie, 1/3 kop
- Hennepmelk, 1/3 kop
- Vanillestokje, 1
- Chiazaad, 2 eetlepels Kokosvlokken, 1/3 kop

Routebeschrijving

a) Doe alle ingrediënten bij elkaar en verdeel gelijkmatig over een terrinepan.
b) Zet een uur in de koelkast.
c) Wanneer stevig en gezet, snijd in repen van de gewenste lengte en geniet ervan.

60. Pompoen Havermout Pleinen

Ingrediënten:
- Lijnzaadei, 1 (1 eetlepel gemalen lijnzaad gemengd met 3 eetlepels water)
- Glutenvrije havermout, ¾ kopje
- Kaneel, 1 ½ theelepel
- Pecannoot, ½ kopje, gehalveerd
- Gemalen gember, ½ theelepel
- Kokossuiker, ¾ kopje
- Pijlwortelpoeder, 1 eetlepel
- Gemalen nootmuskaat, 1/8 theelepel
- Puur vanille-extract, 1 theelepel
- Roze Himalaya zeezout, ½ theelepel
- Ongezoete pompoenpuree uit blik, ½ kopje
- Amandelmeel, ¾ kopje
- Havermoutmeel, ¾ kopje
- Mini non-diary chocolate chips, 2 eetlepels
- Zuiveringszout, ½ theelepel

Routebeschrijving
a) Verwarm de oven voor op 350 F.
b) Bekleed een vierkante pan met vetvrij papier en houd opzij.
c) Combineer lijnzaadei in een mok en laat het 5 minuten staan.
d) Klop de puree op met suiker en voeg het lijnzaad en de vanille toe. Klop nogmaals om te combineren.
e) Voeg nu baking soda toe, gevolgd door kaneel, nootmuskaat, gember en zout. Klop goed.

f) Voeg als laatste bloem, haver, arrowroot, pecannoten en amandelmeel toe en klop tot alles goed is opgenomen.
g) Breng het beslag over in de voorbereide pan en bedek met chocoladeschilfers.
h) Bak gedurende 15-19 minuten.
i) Laat het volledig afkoelen voordat je het uit de pan haalt en aansnijdt.

61. Red Velvet Pompoen Repen

Ingrediënten:

- Kleine gekookte bieten, 2
- Kokosmeel, ¼ kopje
- Biologische pompoenpitboter, 1 eetlepel
- Kokosmelk, ¼ kopje
- Vanille wei, ½ kopje
- 85% pure chocolade, gesmolten

Routebeschrijving

a) Combineer alle droge ingrediënten met elkaar behalve chocolade.
b) Roer melk over droge ingrediënten en bind goed.
c) Vorm in middelgrote staven.
d) Smelt chocolade in de magnetron en laat het een paar seconden afkoelen. Dompel nu elke reep in gesmolten chocolade en bedek ze goed.
e) Koel tot de chocolade gestold en stevig is.
f) Genieten van.

62. Besneeuwde citroenrepen

Ingrediënten:

- 3 eieren, verdeeld
- 1/3 kopje boter, gesmolten en licht afgekoeld
- 1 theelepel citroenschil
- 3 T. citroensap
- 18-1/2 ounce pakket witte cakemix
- 1 kop gehakte amandelen
- 8-ounce pakket roomkaas, verzacht
- 3 c. poedersuiker
- Garneer: extra poedersuiker

a) Meng in een grote kom een ei, boter, citroenschil en citroensap. Roer de droge cakemix en amandelen erdoor en meng goed. Druk het deeg in een ingevette 13"x9" bakvorm. Bak op 350 graden gedurende 15 minuten, of tot ze goudbruin zijn. Klop ondertussen de roomkaas in een aparte kom licht en luchtig; meng geleidelijk de poedersuiker erdoor. Voeg de resterende eieren één voor één toe en meng goed na elk.

b) Haal de pan uit de oven; smeer het roomkaasmengsel over de hete korst. Bak 15 tot 20 minuten langer, tot het midden is gezet; koel. Bestrooi met poedersuiker voordat u in repen snijdt. Maakt 2 dozijn.

63. Gemakkelijke Butterscotch Repen

Ingrediënten:

- 12-ounce pakket butterscotch chips, gesmolten
- 1 kop boter, verzacht
- 1/2 kop bruine suiker, verpakt
- 1/2 kop suiker
- 3 eieren, losgeklopt
- 1-1/2 t. vanille-extract
- 2 c. bloem voor alle doeleinden

a) Combineer butterscotch-chips en boter in een kom; goed mengen. Voeg suikers, eieren en vanille toe; goed mengen.
b) Meng geleidelijk in bloem. Giet het beslag in een licht ingevette 13"x9" bakvorm. Bak op 350 graden gedurende 40 minuten.
c) Koel af en snij in vierkanten. Maakt 2 dozijn.

64. Kersen Amandel Bar

Ingrediënten:
- Vanille-eiwitpoeder, 5 schepjes
- Honing, 1 eetlepel
- Eierkloppers, ½ kopje
- Water, ¼ kopje
- Amandelen, ¼ kopje, in plakjes
- Vanille-extract, 1 theelepel
- Amandelmeel, ½ kopje
- Amandelboter, 2 eetlepels
- Bevroren donkere zoete kersen, 1 ½ kopjes

Routebeschrijving
a) Verwarm de oven voor op 350 F.
b) Snijd de kersen in blokjes en ontdooi ze.
c) Combineer alle ingrediënten, inclusief ontdooide kersen, en meng goed.
d) Doe het mengsel in een ingevette bakvorm en bak 12 minuten.
e) Laat volledig afkoelen voordat je het uit de pan haalt en in repen snijdt.

65. Karamel Crunch Bars

Ingrediënten:
- 1½ kopjes havermout
- 1½ kopjes bloem
- ¾ kopje bruine suiker
- ½ theelepel bakpoeder
- ¼ theelepel zout
- ¼ kopje gesmolten boter
- ¼ kopje gesmolten boter

Toppings
- ½ kopje bruine suiker
- ½ kopje kristalsuiker
- ½ kopje boter
- ¼ kopje meel
- 1 kop gehakte noten
- 1 kop gehakte chocolade

Routebeschrijving:
a) Breng de temperatuur van je oven tot 350 F. Doe haver, bloem, zout, suiker en bakpoeder in een kom en meng goed. Doe je boter en de gewone boter erbij en mix tot er kruimels ontstaan.
b) Zet minstens een kopje van deze kruimels opzij om later te garneren.
c) Bereid nu de pan voor door deze in te vetten met een spray en doe het havermengsel op de bodem van de pan.
d) Zet het in de oven en bak even, haal het er dan uit als het bruin is en laat het afkoelen. Dan is de volgende stap om de karamel te maken.
e) Doe dit door de boter en suiker in een steelpannetje met een dikke bodem te roeren zodat het niet snel aanbrandt. Laat het dan borrelen na het toevoegen van de bloem. Terug naar

de havermoutbasis, voeg de gemengde noten en chocolade toe, gevolgd door de karamel die je zojuist hebt gemaakt, en als laatste, maak het af met de extra kruimels die je opzij hebt gezet.

f) Plaats het terug in de oven en laat het koken tot de repen goudkleurig zijn, wat ongeveer 20 minuten duurt.

g) Laat het na het bakken afkoelen voordat je het in de gewenste maat snijdt.

66. Havermoutrepen

Porties: 14-16

Ingrediënten:
- 1¼ kopjes ouderwetse havermout
- 1¼ kopjes bloem voor alle doeleinden
- ½ kopje fijngehakte geroosterde walnoten (zie opmerking)
- ½ kopje suiker
- ½ theelepel bakpoeder
- ¼ theelepel zout
- 1 kop boter, gesmolten
- 2 theelepels vanille
- 1 kop jam van goede kwaliteit
- 4 hele graham crackers (8 vierkanten), geplet
- Slagroom, voor serveren (optioneel)

Routebeschrijving:

a) Verwarm de oven voor op 350 ° F. Vet een vierkante bakvorm van 9 inch in. Doe havermout, bloem, walnoten, suiker, bakpoeder en zout in een kom en combineer deze. Meng in een kleine kom de boter en vanille. Voeg het botermengsel toe aan het havermengsel en mix tot een kruimelig geheel.

b) Bewaar 1 kopje voor de topping en druk het resterende havermengsel op de bodem van de bakvorm. Verdeel de jam gelijkmatig over de bovenkant. Voeg de geplette crackers toe aan het achtergehouden havermengsel en strooi de jam erover. Bak het ongeveer 25 tot 30 minuten, of tot de randen bruin zijn. Koel volledig af in de pan op een rooster.

c) Snijd in 16 vierkanten. Serveer, voeg eventueel een klodder slagroom toe.

d) Als je het in een glazen pot in de koelkast bewaart, kun je het beter bewaren.

67. Chewy Pecan Bars

Ingrediënten:
- Bakspray met antiaanbaklaag
- 2 kopjes plus
- 2 eetlepels bloem voor alle doeleinden, verdeeld
- ½ kopje kristalsuiker
- 2 eetlepels plus
- 2 theelepels boter
- 3½ theelepels ongezouten boter, in stukjes gesneden
- ¾ theelepel plus koosjer snufje zout, verdeeld
- ¾ kopje verpakte donkerbruine suiker
- 4 grote eieren
- 2 theelepels vanille-extract
- 1 kopje lichte glucosestroop
- 2 kopjes gehakte pecannoten
- Pecannoten gehalveerd

Routebeschrijving:

a) Verwarm de oven voor op 340 ° F. Vet de pan in met een anti-aanbakspray en bekleed met bakpapier met een overhang aan twee kanten zodat je de staven gemakkelijk uit de pan kunt tillen.
b) Door een blender of keukenmachine te gebruiken, pulseer je bloem, de suiker, soorten boter en ¾ theelepel zout tot ze gecombineerd zijn. Het mengsel vormt zich tot klontjes.
c) Breng het deeg over naar de voorbereide pan. Druk het stevig en gelijkmatig op de bodem van de pan. Prik met een vork overal in de korst en bak in 30 tot 35 minuten licht tot medium goudbruin.

d) Gebruik dezelfde kom van de keukenmachine en combineer de bruine suiker, de resterende 2 eetlepels bloem, snufje zout, eieren, vanille en glucosestroop.
e) Puls tot het volledig is gecombineerd. Doe het mengsel in een grote kom en voeg de pecannoten toe.
f) Schep het pecannootmengsel gelijkmatig over de gebakken korst. Leg ter versiering een paar extra pecannoten bovenop de vulling.
g) Plaats de pan terug in de oven en laat het bakken tot het midden 35 tot 40 minuten gaar is. Als de binnenkant nog steeds wiebelt, bereid je dan nog een paar minuten voor; als u merkt dat de repen in het midden beginnen te puffen, verwijder ze dan meteen. Leg ze in een rek en laat ze afkoelen voordat je ze in vierkanten van 16 (2 inch) snijdt en de staven eruit haalt.
h) Bewaring: Bewaar de repen in een luchtdichte verpakking bij kamertemperatuur gedurende 3 tot 5 dagen of vries tot 6 maanden in. Ze kunnen erg plakkerig zijn, dus wikkel ze in perkament of vetvrij papier.

68. Chocolate Chip Cookie Dough Proteïnerepen

Ingrediënten:

- 128 g (½ kopje) geroosterde amandelboter
- 270 g (1 kop + 2 eetlepels) ongezoete vanille-amandelmelk
- 1 theelepel Vanille Crème-Smaak Vloeibaar Stevia Extract
- 1 theelepel natuurlijke botersmaak
- 168g (1¼ kopjes, licht verpakt) Vanille Bruine Rijst Eiwitpoeder
- 80 g (⅔ kopje) Havermeel
- ⅛ theelepel Zout
- ¼ kopje Mini Halfzoete Chocoladeschilfers

Bekleed een 8x8 "brownievorm met perkamentpapier. Opzij zetten.

Voeg de amandelboter, amandelmelk, stevia-extract en botersmaak toe in een elektrische mixerkom met klopperopzetstuk. Mix op lage snelheid terwijl je de droge ingrediënten klaarmaakt.

Klop in een middelgrote mengkom het eiwitpoeder, havermeel en zout door elkaar. Zet de keukenrobot uit en gooi de droge ingrediënten erbij. Zet de mixer terug op lage snelheid en mix tot de droge ingrediënten volledig zijn opgenomen. Schraap langs de zijkanten van de kom, voeg de mini-chocoladestukjes toe en keer terug naar lage snelheid voor een laatste mix. Het mengsel moet dik en fudgy zijn, zoals koekjesdeeg.

Schep het mengsel in de brownievorm en druk het plat. Dek de pan goed af met plasticfolie en zet een nacht in de koelkast.

Til het mengsel uit de pan. Snijd in 10 repen. Verpak de eiwitrepen afzonderlijk in plastic boterhamzakjes en bewaar ze in de koelkast.

Opbrengst: 10 eiwitrepen

69. Eiwitrepen Havermout Rozijn Koekjes

Ingrediënten:

- 128 g (½ kopje) geroosterde walnotenboter
- 270 g (1 kop + 2 eetlepels) ongezoete vanille-amandelmelk
- 1 theelepel Vanille Crème-Smaak Vloeibaar Stevia Extract
- ½ theelepel natuurlijke botersmaak
- 168g (1¼ kopjes, licht verpakt) Vanille Bruine Rijst Eiwitpoeder
- 80 g (⅔kopje) Havermeel
- 1½ theelepel gemalen kaneel
- ⅛ theelepel Zout
- ⅓kopje rozijnen, gehalveerd

Bekleed een 8x8 "browniepan (of 9x9" voor dunnere koekjes) met perkamentpapier. Opzij zetten.

Voeg de walnotenboter, amandelmelk, stevia-extract en botersmaak toe in een kom met een elektrische mixer die is uitgerust met een klopper. Mix op lage snelheid terwijl je de droge ingrediënten klaarmaakt.

Klop in een middelgrote mengkom het eiwitpoeder, havermeel, kaneel en zout door elkaar. Zet de keukenrobot uit en gooi de droge ingrediënten erbij. Zet de mixer terug op lage snelheid en mix tot de droge ingrediënten volledig zijn opgenomen. Schraap langs de zijkanten van de kom, voeg de gehakte rozijnen toe en keer terug naar lage snelheid voor een laatste mix. Het mengsel moet dik en fudgy zijn, zoals koekjesdeeg.

Schep het mengsel in de brownievorm en druk het plat. Dek de pan goed af met plasticfolie en zet een nacht in de koelkast.

Til het mengsel uit de pan. Gebruik een cirkelvormige koekjesvormer om 9 koekjes uit te steken (gebruik een $2\frac{1}{2}$" uitsteker met een 8" pan en een $2\frac{3}{4}$" uitsteker met een 9" pan). Wikkel de eiwitkoekjes in plastic boterhamzakjes en bewaar ze in de koelkast.

Opbrengst: 9 eiwitkoekjes (plus wat restjes voor de kok!)

70. Witte Chocolade Macadamia Eiwitreep

Ingrediënten:

- 128 g (½ kopje) geroosterde macadamiaboter
- 270 g (1 kop + 2 eetlepels) ongezoete vanille-amandelmelk
- 1 theelepel Vanille Crème-Smaak Vloeibaar Stevia Extract
- ½ theelepel natuurlijke botersmaak
- 168g (1¼ kopjes, licht verpakt) Vanille Bruine Rijst Eiwitpoeder
- 80 g (⅔ kopje) Havermeel
- ⅛ theelepel Zout

Witte chocoladecoating:

- 6oz biologische witte chocolade, gesmolten

Bekleed een 8x8 "browniepan (of 9x9" voor dunnere koekjes) met perkamentpapier. Opzij zetten.

Voeg de macadamiaboter, amandelmelk, stevia-extract en botersmaak toe in een kom met elektrische mixer die is uitgerust met een klopper. Mix op lage snelheid terwijl je de droge ingrediënten klaarmaakt.

Klop in een middelgrote mengkom het eiwitpoeder, havermeel en zout door elkaar. Zet de keukenrobot uit en gooi de droge ingrediënten erbij. Zet de mixer terug op lage snelheid en mix tot de droge ingrediënten volledig zijn opgenomen. Schraap

indien nodig langs de zijkanten van de kom. Het mengsel moet dik en fudgy zijn, zoals koekjesdeeg.

Schep het mengsel in de voorbereide brownievorm en druk het plat. Dek de pan goed af met plasticfolie en zet een nacht in de koelkast.

Til het mengsel uit de pan. Gebruik een cirkelvormige koekjesvormer om 9 koekjes uit te steken (gebruik een $2\frac{1}{2}$" uitsteker met een 8" pan, of een $2\frac{3}{4}$" uitsteker met een 9" pan).

Leg een siliconen bakmat op een jelly roll-pan en bekleed de eiwitkoekjes erop.

Voor de witte chocoladecoating:

Plaats een eiwitkoekje op de tanden van een grote vork en dompel in de gesmolten witte chocolade. Schep met een grote lepel de chocolade over het koekje. Schuif het koekje voorzichtig op de siliconen bakmat. Herhaal dit proces met de rest van de eiwitkoekjes.

Koel tot het stevig is.

71. Red Velvet Cake Fudge Eiwitrepen

Eiwitrepen:

- 165 g (⅔kopje) Geroosterde Bietenpuree
- 128 g (½ kopje) Rauwe Amandelboter
- 135 g (½ kopje + 1 eetlepel) ongezoete vanille-amandelmelk
- 1 eetlepel natuurlijke botersmaak
- 1½ theelepels vanillecrème-gearomatiseerd vloeibaar stevia-extract
- 210 g (1⅔kopjes, licht verpakt) Chocoladebruine rijstproteïnepoeder
- 80 g (⅔kopje) Havermeel
- ¼ theelepel Zout

Chocoladecoating:

- 6oz bitterzoete chocolade (70% cacao), gesmolten

Voor de geroosterde bietenpuree:

Verwarm je oven voor op 350 graden Fahrenheit. Spoel en schrob twee vuistgrote bieten voorzichtig en wikkel ze vervolgens volledig in folie. Plaats de bieten in een 9x9 "browniepan en bak ongeveer 1½ uur, of tot een vork gemakkelijk door de bieten prikt.

Haal de bieten uit de oven, pak de folie voorzichtig uit en laat ze staan tot ze voldoende afgekoeld zijn om te hanteren. Gebruik een mes om de bietenschillen af te schrapen (ze vallen er gemakkelijk af).

Snijd de bieten in blokjes en doe ze in een keukenmachine. Pureer tot het helemaal glad is.

Voor de eiwitrepen:

Bekleed een 8x8 "brownievorm met perkamentpapier. Opzij zetten.

Voeg de bietenpuree, amandelboter, amandelmelk, botersmaak en stevia-extract toe aan een elektrische mixerkom met klopperopzetstuk. Mix op lage snelheid terwijl je de droge ingrediënten klaarmaakt.

Klop in een middelgrote mengkom het eiwitpoeder, havermeel en zout door elkaar. Zet de keukenrobot uit en gooi de droge ingrediënten erbij. Zet de mixer terug op lage snelheid en mix tot de droge ingrediënten volledig zijn opgenomen. Schraap indien nodig langs de zijkanten van de kom. Het mengsel moet dik en fudgy zijn, zoals koekjesdeeg.

Schep het mengsel in de voorbereide brownievorm en druk het plat. Dek de pan goed af met plasticfolie en zet een nacht in de koelkast.

Til het mengsel uit de pan. Snijd in 10 repen.

Leg een siliconen bakmat op een jelly roll-pan en bekleed de eiwitrepen erop.

Voor de chocoladecoating:

Schep met een grote lepel de gesmolten chocolade over de eiwitrepen. Probeer de hele eiwitreep te omhullen met chocolade, maar het hoeft niet perfect te zijn.

Koel tot het stevig is (~ 1 uur). Verpak de eiwitrepen afzonderlijk in plastic boterhamzakjes en bewaar ze in de koelkast.

Opbrengst: 10 eiwitrepen

72. Kaneelbroodje Eiwitvierkantjes

Eiwitrepen:

- 128 g (½ kopje) Rauwe Amandelboter
- 240 g (1 kopje) ongezoete vanille-amandelmelk
- 63g (3 eetlepels) Pure Ahornsiroop
- ¾ theelepel vanillecrème-gearomatiseerd vloeibaar stevia-extract
- ½ theelepel natuurlijke botersmaak
- 168g (1¼ kopjes, licht verpakt) Vanille Bruine Rijst Eiwitpoeder
- 80 g (⅔kopje) Havermeel
- 2 theelepels gemalen kaneel
- ¼ theelepel Zout
- Glazuur van roomkaas:
- 4oz Biologische Neufchâtel Roomkaas, kamertemperatuur
- 30 g (2 eetlepels) ongezoete vanille-amandelmelk
- ¼ theelepel vanillecrème-gearomatiseerd vloeibaar stevia-extract
- ¼ theelepel natuurlijke botersmaak
- ⅛ theelepel Vanilla Bean Paste (je kunt dit thuis maken!)

Voor de eiwitrepen:

Bekleed een 8x8 "brownievorm met perkamentpapier. Opzij zetten.

Voeg de amandelboter, amandelmelk, pure ahornsiroop, stevia-extract en botersmaak toe in een elektrische mixerkom met klopperopzetstuk. Mix op lage snelheid terwijl je de droge ingrediënten klaarmaakt.

Klop in een middelgrote mengkom het eiwitpoeder, havermeel, kaneel en zout door elkaar. Zet de keukenrobot uit en gooi de droge ingrediënten erbij. Zet de mixer terug op lage snelheid en mix tot de droge ingrediënten volledig zijn opgenomen. Schraap indien nodig langs de zijkanten van de kom. Het mengsel moet dik en fudgy zijn, zoals koekjesdeeg.

Schep het mengsel in de voorbereide brownievorm en druk het plat. Dek de pan goed af met plasticfolie en zet een nacht in de koelkast.

Til het mengsel uit de pan. Snijd in 9 vierkanten.

Voor de roomkaasglazuur:

Klop in een middelgrote kom de roomkaas, amandelmelk, stevia-extract, botersmaak en vanillepasta door elkaar.

Schep het mengsel in een spuitzak met ronde punt (#804). Spuit het glazuur langs de randen van de eiwitvierkantjes en vul het midden in. Als je geen spuitzak hebt, smeer je de frosting gewoon met de achterkant van een lepel over de repen.

Om te bewaren, plaats je gewoon een vel perkamentpapier op een taartbodem, leg je de eiwitrepen erop en dek je af met een taartkoepel.

73. Eiwitrepen met Duitse chocoladetaart

Eiwitrepen:

- 128 g (½ kopje) geroosterde pecannotenboter
- 270 g (1 kop + 2 eetlepels) ongezoete vanille-amandelmelk
- 1 theelepel Vanille Crème-Smaak Vloeibaar Stevia Extract
- 168 g (1¼ kopjes, licht verpakt) Chocoladebruine rijstproteïnepoeder
- 80 g (⅔kopje) Havermeel
- ⅛ theelepel oploskoffiekorrels
- ⅛ theelepel Zout

Chocoladecoating:

- 2oz bitterzoete chocolade (70% cacao), gesmolten
- 2 eetlepels Gereduceerd vet ongezoete geraspte kokosnoot
- 2 eetlepels geroosterde pecannoten, gehakt

Voor de eiwitrepen:

- Bekleed een 8x8 "brownievorm met perkamentpapier. Opzij zetten.

Voeg in een elektrische mixerkom met een klopperopzetstuk de pecannotenboter, amandelmelk en stevia-extract toe. Mix op lage snelheid terwijl je de droge ingrediënten klaarmaakt.

Klop in een middelgrote mengkom het eiwitpoeder, het havermeel, de oploskoffiekorrels en het zout door elkaar. Zet de keukenrobot uit en gooi de droge ingrediënten erbij. Zet de mixer terug op lage snelheid en mix tot de droge ingrediënten volledig zijn opgenomen. Schraap indien nodig langs de zijkanten van de kom. Het mengsel moet dik en fudgy zijn, zoals koekjesdeeg.

Schep het mengsel in de voorbereide brownievorm en druk het plat. Dek de pan goed af met plasticfolie en zet een nacht in de koelkast.

Til het mengsel uit de pan. Snijd in 10 repen.

Leg een siliconen bakmat op een jelly roll-pan en bekleed de eiwitrepen erop.

Voor de chocoladecoating:

Verdeel de gesmolten chocolade over de eiwitrepen, bestrooi met de geraspte kokos en druk de gehakte pecannoten erop.

Koel tot het stevig is (~ 1 uur). Verpak de eiwitrepen afzonderlijk in plastic boterhamzakjes en bewaar ze in de koelkast.

Opbrengst: 10 eiwitrepen

74. Eiwitrepen voor verjaardagstaarten

Eiwitrepen:

- 128 g (½ kopje) Rauwe Amandelboter
- 270 g (1 kop + 2 eetlepels) ongezoete vanille-amandelmelk
- 1 theelepel Vanille Crème-Smaak Vloeibaar Stevia Extract
- 1 theelepel natuurlijke botersmaak
- ⅛ theelepel amandelextract
- 168g (1¼ kopjes, licht verpakt) Vanille Bruine Rijst Eiwitpoeder
- 80 g (⅔ kopje) Havermeel
- ⅛ theelepel Zout

Glazuur van roomkaas:

- 4oz Biologische Neufchâtel Roomkaas, kamertemperatuur
- 30 g (2 eetlepels) ongezoete vanille-amandelmelk
- ¼ theelepel vanillecrème-gearomatiseerd vloeibaar stevia-extract
- ¼ kopje natuurlijke regenbooghagelslag

Voor de eiwitrepen:

Bekleed een 8x8 "brownievorm met perkamentpapier. Opzij zetten.

Voeg de amandelboter, amandelmelk, stevia-extract, botersmaak en amandelextract toe aan een elektrische mixerkom die is uitgerust met een klopper. Mix op lage snelheid.

Klop in een middelgrote mengkom het eiwitpoeder, havermeel en zout door elkaar. Zet de keukenrobot uit en gooi de droge ingrediënten erbij. Zet de mixer terug op lage snelheid en mix tot de droge ingrediënten volledig zijn opgenomen. Schraap indien nodig langs de zijkanten van de kom. Het mengsel moet dik en fudgy zijn, zoals koekjesdeeg.

Schep het mengsel in de voorbereide brownievorm en druk het plat. Dek de pan goed af met plasticfolie en zet een nacht in de koelkast.

Til het mengsel uit de pan. Snijd in 10 repen.

Voor de roomkaasglazuur:

Klop in een middelgrote mengkom de roomkaas, amandelmelk en stevia-extract door elkaar.

Lepel het glazuur op de eiwitrepen en strooi de hagelslag erover (voeg de hagelslag alleen toe als je de eiwitrepen die dag gaat serveren/eten - de hagelslag verbleken na een dag of twee). Om te bewaren, plaats je gewoon een vel perkamentpapier op een taartbodem, leg je de eiwitrepen erop en dek je af met een taartkoepel.

75. Worteltaart Eiwitrepen

Ingrediënten:

- 128 g (½ kopje) geroosterde walnotenboter
- 270 g (1 kop + 2 eetlepels) ongezoete vanille-amandelmelk
- ¾ theelepel vanillecrème-gearomatiseerd vloeibaar stevia-extract
- 168g (1¼ kopjes, licht verpakt) Vanille Bruine Rijst Eiwitpoeder
- 90 g (¾ kopje) Havermeel
- 1¾ theelepel gemalen kaneel
- ¼ theelepel gemalen nootmuskaat
- ¼ theelepel Zout
- 1-1½ kopjes geraspte wortelen
- ¼-½ kopje Gereduceerd vet Ongezoete geraspte kokosnoot
- ¼ kopje rozijnen, gehalveerd

Bekleed een 8x8 "brownievorm met perkamentpapier. Opzij zetten.

Voeg de walnotenboter, amandelmelk en stevia-extract toe aan een elektrische mixerkom met een klopperopzetstuk. Mix op lage snelheid terwijl je de droge ingrediënten klaarmaakt.

Klop in een middelgrote mengkom het eiwitpoeder, havermeel, kaneel, nootmuskaat en zout door elkaar. Zet de keukenrobot uit en gooi de droge ingrediënten erbij. Zet de mixer terug op lage snelheid en mix totdat de ingrediënten volledig zijn opgenomen. Schraap langs de zijkanten van de kom, voeg de geraspte wortelen, geraspte kokosnoot en gehakte rozijnen toe, en keer terug naar lage snelheid voor een laatste mix. Het mengsel moet dik en fudgy zijn, zoals koekjesdeeg.

Schep het mengsel in de brownievorm en druk het plat. Dek de pan goed af met plasticfolie en zet een nacht in de koelkast.

Til het mengsel uit de pan. Snijd in 10 repen. Verpak de eiwitrepen afzonderlijk in plastic boterhamzakjes en bewaar ze in de koelkast.

Opbrengst: 10 eiwitrepen

76. Eiwitrepen met zeven lagen

Ingrediënten:

- 128 g (½ kopje) geroosterde pecannotenboter
- 270 g (1 kop + 2 eetlepels) ongezoete vanille-amandelmelk
- 1 theelepel natuurlijke butterscotch-smaak
- ½ theelepel vloeibaar stevia-extract met Engelse toffee-smaak
- 168g (1¼ kopjes, licht verpakt) Vanille Bruine Rijst Eiwitpoeder
- 80 g (⅔ kopje) Havermeel
- ⅛ theelepel Zout
- ½ kopje Graham Crackers, in stukjes gesneden
- ½ kopje Gereduceerd vet ongezoete geraspte kokosnoot
- ½ kopje Mini Halfzoete Chocoladeschilfers

Bekleed een 8x8 "brownievorm met perkamentpapier. Opzij zetten.

Voeg in een elektrische mixerkom met een klopperopzetstuk de pecannotenboter, amandelmelk, butterscotch-smaak en stevia-extract toe. Mix op lage snelheid terwijl je de droge ingrediënten klaarmaakt.

Klop in een middelgrote mengkom het eiwitpoeder, havermeel en zout door elkaar. Zet de keukenrobot uit en gooi de droge ingrediënten erbij. Zet de mixer terug op lage snelheid en mix tot de droge ingrediënten volledig zijn opgenomen. Schraap langs de zijkanten van de kom, voeg de graham cracker chunks, geraspte kokosnoot en mini-chocoladestukjes toe en keer terug naar lage snelheid voor een laatste mix. Het mengsel moet dik en fudgy zijn, zoals koekjesdeeg.

Schep het mengsel in de brownievorm en druk het plat. Dek de pan af met plasticfolie en zet een nacht in de koelkast.

Til het mengsel uit de pan. Snijd in 12 repen. Verpak de eiwitrepen afzonderlijk in plastic boterhamzakjes en bewaar ze in de koelkast.

Opbrengst: 12 eiwitrepen

77. Pumpkin Pie Protein Bar bite

Ingrediënten:

- 128 g (½ kopje) geroosterde pecannotenboter
- 575 g (2⅓ kopjes) 100% pure pompoenpuree, ingeblikt
- ¾ theelepel vloeibaar stevia-extract met Engelse toffee-smaak
- 168g (1¼ kopjes, licht verpakt) Vanille Bruine Rijst Eiwitpoeder
- 2 kopjes Graham Cracker Crumbs
- 30 g (¼ kopje) Havermeel
- 1 eetlepel gemalen kaneel (of 2 theelepels gemalen kaneel + 1 theelepel Pumpkin Pie Spice)
- ⅛ theelepel Zout

Bekleed een 8x8 "brownievorm met perkamentpapier. Opzij zetten.

Voeg in een elektrische mixerkom met een klopperopzetstuk de pecannotenboter, pompoenpuree en stevia-extract toe. Mix op lage snelheid terwijl je de droge ingrediënten klaarmaakt.

Klop in een middelgrote mengkom het eiwitpoeder, de crackerkruimels van Graham, havermeel, kaneel en zout door elkaar. Zet de keukenrobot uit en gooi de droge ingrediënten erbij. Zet de mixer terug op lage snelheid en mix tot de droge ingrediënten volledig zijn opgenomen. Het mengsel moet zacht en glad zijn, zoals een nat koekjesdeeg of dik muffinbeslag.

Schep het mengsel in de brownievorm en druk het plat. Dek de pan af met plasticfolie en zet een nacht in de koelkast.

Til het mengsel uit de pan. Snijd in 36 happen. Om te bewaren, plaats je gewoon een vel perkamentpapier op een taartbodem, schik je de eiwitbeten erop en dek je af met een taartkoepel.

Opbrengst: 36 eiwitbeten

78. Pecantaart Eiwitrepen

Ingrediënten:

- 128 g (½ kopje) geroosterde pecannotenboter
- 270 g (1 kop + 2 eetlepels) ongezoete vanille-amandelmelk
- 1 theelepel vloeibaar stevia-extract met Engelse toffee-smaak
- 168g (1¼ kopjes, licht verpakt) Vanille Bruine Rijst Eiwitpoeder
- 80 g (⅔ kopje) Havermeel
- 1½ theelepel gemalen kaneel
- ⅛ theelepel Zout
- ¼ kopje geroosterde pecannoten, gehakt

Bekleed een 8x8 "brownievorm met perkamentpapier. Opzij zetten.

Voeg in een elektrische mixerkom met een klopperopzetstuk de pecannotenboter, amandelmelk en stevia-extract toe. Mix op lage snelheid terwijl je de droge ingrediënten klaarmaakt.

Klop in een middelgrote mengkom het eiwitpoeder, havermeel, kaneel en zout door elkaar. Zet de keukenrobot uit en gooi de droge ingrediënten erbij. Zet de mixer terug op lage snelheid en mix tot de droge ingrediënten volledig zijn opgenomen. Schraap indien nodig langs de zijkanten van de kom. Het mengsel moet dik en fudgy zijn, zoals koekjesdeeg.

Schep het mengsel in de brownievorm en druk het plat. Strooi de gehakte pecannoten erover en druk ze in het oppervlak. Dek de pan goed af met plasticfolie en zet een nacht in de koelkast.

Til het mengsel uit de pan. Snijd in 10 repen. Verpak de eiwitrepen afzonderlijk in plastic boterhamzakjes en bewaar ze in de koelkast.

Opbrengst: 10 eiwitrepen

79. Tiramisù Eiwitrepen

Eiwitrepen:

- 128 g (½ kopje) Rauwe Amandelboter
- 270 g (1 kop + 2 eetlepels) ongezoete vanille-amandelmelk
- 30 g (2 eetlepels) gebrouwen espresso, afgekoeld tot kamertemperatuur
- ¾ theelepel vanillecrème-gearomatiseerd vloeibaar stevia-extract
- 168g (1¼ kopjes, licht verpakt) Vanille Bruine Rijst Eiwitpoeder
- 80 g (⅔ kopje) Havermeel
- ¼ theelepel oploskoffiekorrels
- ⅛ theelepel Zout

Glazuur van roomkaas:

- 4oz Mascarpone, kamertemperatuur
- 1½ theelepel ongezoete vanille-amandelmelk of rum
- ¼ theelepel vanillecrème-gearomatiseerd vloeibaar stevia-extract
- 1 eetlepel Ongezoet Nederlands Verwerkt Cacaopoeder

Voor de eiwitrepen:

Bekleed een 8x8 "brownievorm met perkamentpapier. Opzij zetten.

Voeg de amandelboter, amandelmelk, espresso en stevia-extract toe aan een kom met elektrische mixer die is uitgerust met een klopper. Mix op lage snelheid terwijl je de droge ingrediënten klaarmaakt.

Klop in een middelgrote mengkom het eiwitpoeder, het havermeel, de oploskoffiekorrels en het zout door elkaar. Zet de keukenrobot uit en gooi de droge ingrediënten erbij. Zet de mixer terug op lage snelheid en mix totdat de ingrediënten volledig zijn opgenomen. Schraap indien nodig langs de zijkanten van de kom. Het mengsel moet dik en fudgy zijn, zoals koekjesdeeg.

Schep het mengsel in de voorbereide brownievorm en druk het plat. Dek de pan goed af met plasticfolie en zet een nacht in de koelkast.

Til het mengsel uit de pan. Snijd in 12 repen.

Voor de roomkaasglazuur:

Klop in een middelgrote mengkom de mascarpone, amandelmelk (of rum) en stevia-extract door elkaar.

Schep het mengsel in een spuitzak met ronde punt (#804). Spuit het glazuur langs de randen van de staven en vul het midden in. Als je geen spuitzak hebt, smeer je de frosting gewoon met de achterkant van een lepel over de repen.

Bestrooi het cacaopoeder lichtjes over de repen. Om te bewaren, plaats je gewoon een vel perkamentpapier op een taartbodem, leg je de eiwitrepen erop en dek je af met een taartkoepel.

80. S'mores Eiwitrepen

Eiwitrepen:

- 128 g (½ kopje) geroosterde amandelboter

- 270 g (1 kop + 2 eetlepels) ongezoete vanille-amandelmelk

- ½ theelepel vanillecrème-gearomatiseerd vloeibaar stevia-extract

- 168 g (1¼ kopjes, licht verpakt) Chocoladebruine rijstproteïnepoeder

- 1½ kopjes Graham Cracker Crumbs

- ⅛ theelepel Zout

- Glazuur van roomkaas:

- 12 volledig natuurlijke vanille marshmallows

- 6oz bitterzoete chocolade (70% cacao), gesmolten

- 21 g (1½ eetlepels) Kokosolie, vloeibare vorm

Voor de eiwitrepen:

Bekleed een 8x8 "brownievorm met perkamentpapier. Opzij zetten.

Voeg de amandelboter, amandelmelk en stevia-extract toe in een kom met een elektrische mixer die is uitgerust met een klopper. Mix op lage snelheid terwijl je de droge ingrediënten klaarmaakt.

Klop in een middelgrote mengkom het eiwitpoeder, de crackerkruimels van Graham en het zout door elkaar. Zet de keukenrobot uit en gooi de droge ingrediënten erbij. Zet de mixer terug op lage snelheid en mix totdat de ingrediënten volledig zijn opgenomen. Schraap indien nodig langs de zijkanten van de kom. Het mengsel moet dik en fudgy zijn, zoals koekjesdeeg.

Schep het mengsel in de voorbereide brownievorm en druk het plat. Dek de pan goed af met plasticfolie en zet een nacht in de koelkast.

Til het mengsel uit de pan. Snijd in 12 repen.

Leg een siliconen bakmat op een jelly roll-pan en bekleed de eiwitrepen erop.

Voor de roomkaasglazuur:

Snijd de marshmallows doormidden zodat je 24 stukjes krijgt. Druk voorzichtig 2 gehalveerde marshmallows, met de gesneden kant naar beneden, bovenop elke eiwitreep.

Roer de kokosolie door de gesmolten chocolade.

Schep met een grote lepel de gesmolten chocolade over de eiwitrepen. Probeer de hele eiwitreep te omhullen met chocolade, maar het hoeft niet perfect te zijn.

Koel tot het stevig is (~ 1 uur). Verpak de eiwitrepen afzonderlijk in plastic boterhamzakjes en bewaar ze in de koelkast (houdbaar voor ~ 5 dagen).

81. Nutella Fudge Eiwitrepen

Ingrediënten:

- 128 g (½ kopje) geroosterde hazelnootboter
- 270 g (1 kop + 2 eetlepels) ongezoete vanille-amandelmelk
- 1 theelepel Vanille Crème-Smaak Vloeibaar Stevia Extract
- 168 g (1¼ kopjes, licht verpakt) Chocoladebruine rijstproteïnepoeder
- 30 g (¼ kopje) Havermeel
- 12g (2 eetlepels) Ongezoet Nederlands Verwerkt Cacaopoeder
- ⅛ theelepel Zout
- ¼ kopje mini halfzoete chocoladeschilfers (optioneel)

Bekleed een 8x8 "brownievorm met perkamentpapier. Opzij zetten.

Voeg de hazelnootboter, amandelmelk en stevia-extract toe in een kom met een elektrische mixer die is uitgerust met een klopper. Mix op lage snelheid terwijl je de droge ingrediënten klaarmaakt.

Klop in een middelgrote mengkom het eiwitpoeder, havermeel, cacaopoeder en zout door elkaar. Zet de keukenrobot uit en gooi de droge ingrediënten erbij. Zet de mixer terug op lage snelheid en mix tot de droge ingrediënten volledig zijn opgenomen. Schraap langs de zijkanten van de kom, voeg de optionele mini-chocoladeschilfers toe en keer terug naar lage snelheid voor een laatste mix. Het mengsel moet dik en fudgy zijn, zoals koekjesdeeg.

Schep het mengsel in de brownievorm en druk het plat. Dek de pan goed af met plasticfolie en zet een nacht in de koelkast.

Til het mengsel uit de pan. Snijd in 10 repen. Verpak de eiwitrepen afzonderlijk in plastic boterhamzakjes en bewaar ze in de koelkast.

Opbrengst: 10 eiwitrepen

82. Mokka Fudge Eiwitrepen

Ingrediënten:

- 128 g (½ kopje) geroosterde amandelboter
- 160 g (⅔ kopje) ongezoete vanille-amandelmelk
- 120 g (½ kopje) gebrouwen espresso, afgekoeld tot kamertemperatuur
- 1 theelepel Vanille Crème-Smaak Vloeibaar Stevia Extract
- 168 g (1¼ kopjes, licht verpakt) Chocoladebruine rijstproteïnepoeder
- 80 g (⅔ kopje) Havermeel
- 10 g (2 eetlepels) ongezoet natuurlijk cacaopoeder
- ⅛ theelepel Zout
- ¼ kopje mini halfzoete chocoladeschilfers (optioneel)

Bekleed een 8x8 "brownievorm met perkamentpapier. Opzij zetten.

Voeg de amandelboter, amandelmelk, espresso en stevia-extract toe aan een kom met elektrische mixer die is uitgerust met een klopper. Mix op lage snelheid terwijl je de droge ingrediënten klaarmaakt.

Klop in een middelgrote mengkom het eiwitpoeder, havermeel, cacaopoeder en zout door elkaar. Zet de keukenrobot uit en gooi de droge ingrediënten erbij. Zet de mixer terug op lage snelheid en mix tot de droge ingrediënten volledig zijn opgenomen. Schraap langs de zijkanten van de kom, voeg de optionele mini-chocoladeschilfers toe en keer terug naar lage snelheid voor een laatste mix. Het mengsel moet dik en fudgy zijn, zoals koekjesdeeg.

Schep het mengsel in de brownievorm en druk het plat. Dek de pan goed af met plasticfolie en zet een nacht in de koelkast.

Til het mengsel uit de pan. Snijd in 10 repen. Verpak de eiwitrepen afzonderlijk in plastic boterhamzakjes en bewaar ze in de koelkast.

Opbrengst: 10 eiwitrepen

83. Caramel Macchiato Eiwitrepen

Eiwitrepen:

- 128 g (½ kopje) geroosterde cashewboter
- 160 g (⅔ kopje) ongezoete vanille-amandelmelk
- 120 g (½ kopje) gebrouwen espresso, afgekoeld tot kamertemperatuur
- 1 theelepel Vanilla Bean Paste (u kunt dit thuis maken!)
- 1 theelepel vloeibaar stevia-extract met Engelse toffee-smaak
- 168g (1¼ kopjes, licht verpakt) Vanille Bruine Rijst Eiwitpoeder
- 120 g (1 kopje) Havermeel
- ⅛ theelepel Zout
- Karamel-Koffie Glazuur:
- 105 g (⅓ kopje) biologische karamelsaus
- 63g (½ kopje, licht verpakt) Vanille Bruine Rijst Eiwitpoeder
- ½ theelepel oploskoffiekorrels

Voor de eiwitrepen:

Bekleed een 8x8 "brownievorm met perkamentpapier. Opzij zetten.

Voeg de cashewboter, amandelmelk, espresso, vanillepasta en stevia-extract toe aan een kom met elektrische mixer die is uitgerust met een klopper.

Mix op lage snelheid terwijl je de droge ingrediënten klaarmaakt.

Klop in een middelgrote mengkom het eiwitpoeder, havermeel en zout door elkaar. Zet de keukenrobot uit en gooi de droge ingrediënten erbij. Zet de mixer terug op lage snelheid en mix tot de droge ingrediënten volledig zijn opgenomen. Schraap indien nodig langs de zijkanten van de kom. Het mengsel moet dik en fudgy zijn, zoals koekjesdeeg.

Schep het mengsel in de voorbereide brownievorm en druk het plat.

Voor de Caramel-Koffie Frosting:

Klop in een kleine kom de karamelsaus, het eiwitpoeder en de oploskoffiekorrels door elkaar. Het mengsel moet dik en licht plakkerig zijn.

Schep het mengsel op de basis van de eiwitreep en verdeel het met de achterkant van een lepel naar de randen van de pan. Zet 1 uur onafgedekt in de vriezer.

Til het mengsel uit de pan. Snijd in 12 repen. Om te bewaren, plaats je gewoon een vel perkamentpapier op een taartbodem, leg je de eiwitrepen erop en dek je af met een taartkoepel.

84. Proteïnerepen met muntchocolade

Eiwitrepen:

- 270 g (1 kop + 2 eetlepels) ongezoete vanille-amandelmelk
- 3 kopjes, verpakte biologische babyspinazie
- 128 g ($\frac{1}{2}$ kopje) Rauwe Amandelboter
- 2 theelepels Vloeibaar Stevia-extract met vanillecrèmesmaak
- 2 theelepels muntsmaak
- 168g ($1\frac{1}{4}$ kopjes, licht verpakt) Vanille Bruine Rijst Eiwitpoeder
- 120 g (1 kopje) Havermeel
- 1$\frac{1}{2}$ eetlepel Psyllium Husk Poeder
- $\frac{1}{8}$ theelepel Zout

Chocoladecoating:

- 6oz bitterzoete chocolade (70% cacao), gesmolten
- 2 theelepels muntsmaak

Voor de eiwitrepen:

Bekleed een 8x8 "brownievorm met perkamentpapier. Opzij zetten.

Mix in een keukenmachine de amandelmelk en spinazie tot een geheel glad mengsel.

Voeg in een elektrische mixerkom met een klopper het mengsel "groene amandelmelk", amandelboter, stevia-extract en muntsmaak toe. Mix op lage snelheid terwijl je de droge ingrediënten klaarmaakt.

Klop in een middelgrote mengkom het eiwitpoeder, havermeel, psylliumschilpoeder en zout door elkaar. Zet de keukenrobot uit en gooi de droge ingrediënten erbij. Zet de mixer terug op lage snelheid en mix tot de droge ingrediënten volledig zijn opgenomen. Schraap indien nodig langs de zijkanten van de kom. Het mengsel moet dik en fudgy zijn, zoals koekjesdeeg.

Schep het mengsel in de voorbereide brownievorm en druk het plat. Dek de pan goed af met plasticfolie en zet een nacht in de koelkast.

Til het mengsel uit de pan. Snijd in 12 repen.

Leg een siliconen bakmat op een jelly roll-pan en bekleed de eiwitrepen erop.

Voor de chocoladecoating:

Roer de muntsmaak door de gesmolten chocolade.

Schep met een grote lepel de gesmolten chocolade over de eiwitrepen. Probeer de hele eiwitreep te omhullen met chocolade, maar het hoeft niet perfect te zijn.

Koel tot het stevig is (~ 1 uur). Verpak de eiwitrepen afzonderlijk in plastic boterhamzakjes en bewaar ze in de koelkast (ca. 4 dagen houdbaar).

Opbrengst: 12 eiwitrepen

85. Millionaire's Protein Bars

Eiwitrepen:

- 128 g (½ kopje) geroosterde amandelboter
- 270 g (1 kop + 2 eetlepels) ongezoete vanille-amandelmelk
- 1 theelepel Vanilla Bean Paste (u kunt dit thuis maken!)
- 1 theelepel Vanille Crème-Smaak Vloeibaar Stevia Extract
- 168g (1¼ kopjes, licht verpakt) Vanille Bruine Rijst Eiwitpoeder
- 90 g (¾ kopje) Havermeel
- ⅛ theelepel Vlokken Zeezout
- Gezouten karamelglazuur:
- 105 g (⅓ kopje) biologische karamelsaus
- 63g (½ kopje, licht verpakt) Vanille Bruine Rijst Eiwitpoeder
- ⅛ theelepel Vlokken Zeezout
- Chocolade-Amandel Coating:
- 6oz donkere chocolade met amandelen

Voor de eiwitrepen:

Bekleed een 8x8 "brownievorm met perkamentpapier. Opzij zetten.

Voeg de amandelboter, amandelmelk, vanillepasta en stevia-extract toe in een elektrische mixerkom met klopperopzetstuk. Mix op lage snelheid terwijl je de droge ingrediënten klaarmaakt.

Klop in een middelgrote mengkom het eiwitpoeder, havermeel en zout door elkaar. Zet de keukenrobot uit en gooi de droge ingrediënten erbij. Zet de mixer terug op lage snelheid en mix tot de droge ingrediënten volledig zijn opgenomen. Schraap indien nodig langs de zijkanten van de kom. Het mengsel moet dik en fudgy zijn, zoals koekjesdeeg.

Schep het mengsel in de voorbereide brownievorm en druk het plat. Dek de pan goed af met plasticfolie en zet een nacht in de koelkast.

Voor de gezouten karamelglazuur:

Roer in een kleine kom de karamelsaus, eiwitpoeder en zout door elkaar. Het mengsel moet dik en licht plakkerig zijn.

Schep het mengsel over de basis van de eiwitreep en verdeel het met de achterkant van een lepel naar de randen van de pan. Zet 1 uur onafgedekt in de vriezer.

Til het mengsel uit de pan. Snijd in 12 repen.

Leg een siliconen bakmat op een jelly roll-pan en bekleed de eiwitrepen erop.

Voor de chocolade-amandelcoating:

Schep met een grote lepel de gesmolten chocolade over de eiwitrepen. Probeer de hele reep te omhullen met chocolade, maar het hoeft niet perfect te zijn. Voel je vrij om de repen te bestrooien met een beetje zout voor decoratie!

Koel tot het stevig is (~ 1 uur). Verpak de eiwitrepen afzonderlijk in plastic boterhamzakjes en bewaar ze in de koelkast.

Opbrengst: 12 eiwitrepen

86. Scotcheroo Proteïnerepen

Eiwitrepen:

- 128 g (½ kopje) natuurlijke geroosterde pindakaas
- 210g (½ kopje + 2 eetlepels) Pure Maple Syrup
- 1 theelepel natuurlijke butterscotch-smaak
- 65g (⅔ kopje) Vanille Whey Protein Poeder
- ¼ theelepel Zout
- 150 g (5 kopjes) krokante bruine rijstgraan
- Chocolade topping:
- 3oz biologische melkchocolade (34% cacao), gesmolten

Voor de eiwitrepen:

Bekleed een 8x8 "brownievorm met perkamentpapier. Opzij zetten.

Roer in een grote mengkom de pindakaas, pure ahornsiroop en butterscotch-smaak door elkaar met een siliconen spatel.

Zodra het mengsel glad en gelijkmatig is, roer je het eiwitpoeder en het zout erdoor.

Spatel voorzichtig de krokante bruine rijstgraan erdoor. Als het graan volledig is opgenomen, schep je het mengsel in de voorbereide brownievorm en druk je het plat met de siliconen spatel.

Voor de chocolade topping:

Giet de gesmolten chocolade over de scotcheroo-bodem en kantel de pan totdat de chocolade het hele oppervlak bedekt. Koel tot het stevig is (~ 1 uur).

Til het mengsel uit de pan. Snijd in repen van 32, 2x1 ". Wikkel de scotcheroos in plastic boterhamzakjes en bewaar ze in de koelkast.

Opbrengst: 32 Schotse roos

87. De Elvis Eiwitrepen

Opbrengst: 10 eiwitrepen

Ingrediënten:

- 128 g (½ kopje) natuurlijke geroosterde pindakaas
- 240 g (1 kopje) ongezoete vanille-amandelmelk
- 1 theelepel Vanille Crème-Smaak Vloeibaar Stevia Extract
- ½ theelepel bananensmaak
- 168g (1¼ kopjes, licht verpakt) Vanille Bruine Rijst Eiwitpoeder
- ½ kopje gevriesdroogde bananen, vermalen tot poeder (maat na malen)
- 40 g (⅓ kopje) Havermeel
- ⅛ theelepel Zout
- ¼ kopje Bacon Bits

a) Bekleed een 8x8 "brownievorm met perkamentpapier. Opzij zetten.

b) Voeg de pindakaas, amandelmelk, stevia-extract en bananensmaak toe aan een elektrische mixerkom met een klopper. Mix op lage snelheid terwijl je de droge ingrediënten klaarmaakt.

c) Klop in een middelgrote mengkom het eiwitpoeder, het bananenpoeder, het havermeel en het zout door elkaar. Zet de keukenrobot uit en gooi de droge ingrediënten erbij. Zet de mixer terug op lage snelheid en mix tot de droge ingrediënten volledig zijn opgenomen. Schraap langs de zijkanten van de kom, voeg de stukjes spek toe en keer terug naar lage snelheid voor een laatste mix. Het mengsel moet dik en fudgy zijn, zoals koekjesdeeg.

d) Schep het mengsel in de brownievorm en druk het plat. Dek de pan goed af met plasticfolie en zet een nacht in de koelkast.

e) Til het mengsel uit de pan. Snijd in 10 repen. Verpak de eiwitrepen afzonderlijk in plastic boterhamzakjes en bewaar ze in de koelkast (houdbaar voor ~ 5 dagen).

88. Pindakaas en Jelly Protein Bars

Ingrediënten:

- 128 g (½ kopje) natuurlijke geroosterde pindakaas
- 270 g (1 kop + 2 eetlepels) ongezoete vanille-amandelmelk
- ¾ theelepel vanillecrème-gearomatiseerd vloeibaar stevia-extract
- 168g (1¼ kopjes, licht verpakt) Vanille Bruine Rijst Eiwitpoeder
- 80 g (⅔ kopje) Havermeel
- ¼ theelepel Zout
- 10 theelepels 100% Fruit Strawberry Spread (of andere fruitsmaak)
- ¼ kopje geroosterde pinda's, gehakt

Bekleed een 8x8 "brownievorm met perkamentpapier. Opzij zetten.

Voeg de pindakaas, amandelmelk en stevia-extract toe in een kom met elektrische mixer die is uitgerust met een klopper. Mix op lage snelheid terwijl je de droge ingrediënten klaarmaakt.

Klop in een middelgrote mengkom het eiwitpoeder, havermeel en zout door elkaar. Zet de keukenrobot uit en gooi de droge ingrediënten erbij. Zet de mixer terug op lage snelheid en mix tot de droge ingrediënten volledig zijn opgenomen. Schraap

indien nodig langs de zijkanten van de kom. Het mengsel moet dik en fudgy zijn, zoals koekjesdeeg.

Schep het mengsel in de brownievorm en druk het plat. Dek de pan goed af met plasticfolie en zet een nacht in de koelkast.

Til het mengsel uit de pan. Snijd in 10 repen. Verdeel het fruit verspreid over de eiwitrepen (1 theelepel per reep) en strooi de gehakte pinda's erover. Om te bewaren, plaats je gewoon een vel perkamentpapier op een taartbodem, leg je de eiwitrepen erop en dek je af met een taartkoepel.

Opbrengst: 10 eiwitrepen

89. Matcha Groene Thee Amandel Fudge Eiwitrepen

Ingrediënten:

- 128 g (½ kopje) geroosterde amandelboter
- 240 g (1 kopje) ongezoete vanille-amandelmelk
- 1 theelepel Vanille Crème-Smaak Vloeibaar Stevia Extract
- ½ theelepel amandelextract
- 168g (1¼ kopjes, licht verpakt) Vanille Bruine Rijst Eiwitpoeder
- 40 g (⅓ kopje) Havermeel
- 5 theelepels Matcha Poeder
- ⅛ theelepel Zout
- 1 oz biologische witte chocolade, gesmolten

Bekleed een 8x8 "brownievorm met perkamentpapier. Opzij zetten.

Voeg de amandelboter, amandelmelk, stevia-extract en amandelextract toe aan een elektrische mixerkom met een klopperopzetstuk. Mix op lage snelheid terwijl je de droge ingrediënten klaarmaakt.

Klop in een middelgrote kom het eiwitpoeder, havermeel, matcha en zout door elkaar. Zet de keukenrobot uit en gooi de droge ingrediënten erbij.

Zet de mixer terug op lage snelheid en mix totdat de ingrediënten volledig zijn opgenomen. Schraap indien nodig langs de zijkanten van de kom. Het mengsel moet fudgy zijn, zoals koekjesdeeg.

Schep het mengsel in de brownievorm en druk het plat. Dek de pan goed af met plasticfolie en zet een nacht in de koelkast.

Til het mengsel uit de pan. Snijd in 10 repen.

Sprenkel de gesmolten witte chocolade over de repen. Koel tot het stevig is (~ 30 minuten).

Verpak de eiwitrepen afzonderlijk in plastic boterhamzakjes en bewaar ze in de koelkast.

Opbrengst: 10 eiwitrepen

90. Super Greens Fudge Eiwitrepen

Ingrediënten:

- 128 g (½ kopje) Rauwe Amandelboter
- 270 g (1 kop + 2 eetlepels) ongezoete vanille-amandelmelk
- 1 theelepel Vanille Crème-Smaak Vloeibaar Stevia Extract
- 40 druppels alcoholvrij vloeibaar chlorofylconcentraat (optioneel, het is alleen voor een mooiere groene kleur)
- 168g (1¼ kopjes, licht verpakt) Vanille Bruine Rijst Eiwitpoeder
- 60 g (½ kopje) Havermeel
- 50 g (⅓ kopje, verpakt) Origineel Amazing Grass Amazing Meal Powder
- ⅛ theelepel Zout
- ¼ kopje Mini Halfzoete Chocoladeschilfers of Cacao Nibs

Bekleed een 8x8 "brownievorm met perkamentpapier. Opzij zetten.

Voeg de amandelboter, amandelmelk, stevia-extract en optioneel vloeibaar chlorofyl toe in een kom met elektrische mixer die is uitgerust met een klopper. Mix op lage snelheid terwijl je de droge ingrediënten klaarmaakt.

Klop in een middelgrote kom het eiwitpoeder, havermeel, Amazing Grass Amazing Meal-poeder en zout door elkaar. Zet de keukenrobot uit en gooi de droge ingrediënten erbij. Zet de mixer terug op lage snelheid en mix tot de droge ingrediënten volledig zijn opgenomen. Schraap indien nodig langs de zijkanten van de kom. Het mengsel moet dik en fudgy zijn, zoals koekjesdeeg.

Schep het mengsel in de voorbereide brownievorm en druk het plat. Strooi de mini chocolate chips of cacao nibs erover en druk ze in het oppervlak. Dek de pan goed af met plasticfolie en zet een nacht in de koelkast.

Til het mengsel uit de pan. Snijd in 10 repen. Verpak de eiwitrepen afzonderlijk in plastic boterhamzakjes en bewaar ze in de koelkast (houdbaar voor ~ 5 dagen).

Opbrengst: 10 eiwitrepen

91. Opgepompte eiwitrepen

Eiwitrepen:

- 128 g (½ kopje) geroosterde amandelboter
- 270 g (1 kop + 2 eetlepels) ongezoete vanille-amandelmelk
- 1 theelepel Vanille Crème-Smaak Vloeibaar Stevia Extract
- 168 g (1¼ kopjes, licht verpakt) Chocoladebruine rijstproteïnepoeder
- 80 g (⅔ kopje) Havermeel
- ⅛ theelepel Zout

Karamel laag:

- 105 g (⅓ kopje) biologische karamelsaus
- 63g (½ kopje, licht verpakt) Vanille Bruine Rijst Eiwitpoeder
- Chocolade-Amandel Coating:

6oz melkchocolade met gezouten amandelen, gesmolten

Voor de eiwitrepen:

Bekleed een 8x8 "brownievorm met perkamentpapier. Opzij zetten.

Voeg de amandelboter, amandelmelk en stevia-extract toe in een kom met een elektrische mixer die is uitgerust met een klopper. Mix op lage snelheid terwijl je de droge ingrediënten klaarmaakt.

Klop in een middelgrote mengkom het eiwitpoeder, havermeel en zout door elkaar. Zet de keukenrobot uit en gooi de droge ingrediënten erbij. Zet de mixer terug op lage snelheid en mix tot de droge ingrediënten volledig zijn opgenomen. Schraap indien nodig langs de zijkanten van de kom. Het mengsel moet dik en fudgy zijn, zoals koekjesdeeg.

Schep het mengsel in de voorbereide brownievorm en druk het plat.

Voor de karamellaag:

Roer in een kleine kom de karamelsaus en het eiwitpoeder door elkaar. Het mengsel moet dik en licht plakkerig zijn.

Schep het mengsel over de basis van de eiwitreep en verdeel het met de achterkant van een lepel naar de randen van de pan. Zet 1 uur onafgedekt in de vriezer.

Til het mengsel uit de pan. Snijd in 12 repen.

Leg een siliconen bakmat op een jelly roll-pan en bekleed de eiwitrepen erop.

Voor de chocolade-amandelcoating:

Schep met een grote lepel de gesmolten chocolade over de eiwitrepen. Probeer de hele reep te omhullen met chocolade, maar het hoeft niet perfect te zijn.

Koel tot het stevig is (~ 1 uur). Verpak de eiwitrepen afzonderlijk in plastic boterhamzakjes en bewaar ze in de koelkast.

92. Geraspte Eiwitrepen

Eiwitrepen:

- 128 g (½ kopje) geroosterde amandelboter
- 270 g (1 kop + 2 eetlepels) ongezoete vanille-amandelmelk
- 1 theelepel Vanille Crème-Smaak Vloeibaar Stevia Extract
- ½ theelepel natuurlijke botersmaak
- 168g (1¼ kopjes, licht verpakt) Vanille Bruine Rijst Eiwitpoeder
- 80 g (⅔ kopje) Havermeel
- ⅛ theelepel Zout

Karamel laag:

- 105 g (⅓ kopje) biologische karamelsaus
- 63g (½ kopje, licht verpakt) Vanille Bruine Rijst Eiwitpoeder

Chocoladecoating:

- 6oz biologische melkchocolade (34% cacao), gesmolten

Voor de eiwitrepen:

Bekleed een 8x8 "brownievorm met perkamentpapier. Opzij zetten.

Voeg de amandelboter, amandelmelk, stevia-extract en botersmaak toe in een elektrische mixerkom met klopperopzetstuk. Mix op lage snelheid terwijl je de droge ingrediënten klaarmaakt.

Klop in een middelgrote mengkom het eiwitpoeder, havermeel en zout door elkaar. Zet de keukenrobot uit en gooi de droge ingrediënten erbij. Zet de mixer terug op lage snelheid en mix tot de droge ingrediënten volledig zijn opgenomen. Schraap indien nodig langs de zijkanten van de kom. Het mengsel moet dik en fudgy zijn, zoals koekjesdeeg.

Schep het mengsel in de voorbereide brownievorm en druk het plat.

Voor de karamellaag:

Roer in een kleine kom de karamelsaus en het eiwitpoeder door elkaar. Het mengsel moet dik en licht plakkerig zijn.

Schep het mengsel over de basis van de eiwitreep en verdeel het met de achterkant van een lepel naar de randen van de pan. Zet 1 uur onafgedekt in de vriezer.

Til het mengsel uit de pan. Snijd in 12 repen.

Leg een siliconen bakmat op een jelly roll-pan en bekleed de eiwitrepen erop.

Voor de chocoladecoating:

Schep met een grote lepel de gesmolten chocolade over de eiwitrepen. Probeer de hele reep te omhullen met chocolade, maar het hoeft niet perfect te zijn.

Koel tot het stevig is (~ 1 uur). Verpak de eiwitrepen afzonderlijk in plastic boterhamzakjes en bewaar ze in de koelkast.

Opbrengst: 12 eiwitrepen

93. Beefcake Eiwitrepen

Eiwitrepen:

- 128 g (½ kopje) natuurlijke geroosterde pindakaas
- 270 g (1 kop + 2 eetlepels) ongezoete vanille-amandelmelk
- 1 theelepel Vanille Crème-Smaak Vloeibaar Stevia Extract
- 168g (1¼ kopjes, licht verpakt) Vanille Bruine Rijst Eiwitpoeder
- 80 g (⅔kopje) Havermeel
- ⅛ theelepel Zout

Karamel laag:

- 105 g (⅓kopje) biologische karamelsaus
- 63g (½ kopje, licht verpakt) Vanille Bruine Rijst Eiwitpoeder
- ¼ kopje geroosterde pinda's

Chocoladecoating:

- 6oz biologische melkchocolade (34% cacao), gesmolten

Voor de eiwitrepen:

Bekleed een 8x8 "brownievorm met perkamentpapier. Opzij zetten.

Voeg de pindakaas, amandelmelk en stevia-extract toe in een kom met elektrische mixer die is uitgerust met een klopper. Mix op lage snelheid terwijl je de droge ingrediënten klaarmaakt.

Klop in een middelgrote mengkom het eiwitpoeder, havermeel en zout door elkaar. Zet de keukenrobot uit en gooi de droge ingrediënten erbij. Zet de mixer terug op lage snelheid en mix tot de droge ingrediënten volledig zijn opgenomen. Schraap indien nodig langs de zijkanten van de kom. Het mengsel moet dik en fudgy zijn, zoals koekjesdeeg.

Schep het mengsel in de voorbereide brownievorm en druk het plat.

Voor de karamellaag:

Roer in een kleine kom de karamelsaus en het eiwitpoeder door elkaar. Het mengsel moet dik en licht plakkerig zijn.

Schep het mengsel op de basis van de eiwitreep en verdeel het met de achterkant van een lepel naar de randen van de pan. Strooi de gehakte pinda's erover en druk ze in het oppervlak. Zet 1 uur onafgedekt in de vriezer.

Til het mengsel uit de pan. Snijd in 12 repen.

Leg een siliconen bakmat op een jelly roll-pan en bekleed de eiwitrepen erop.

Voor de chocoladecoating:

Schep met een grote lepel de gesmolten chocolade over de eiwitrepen. Probeer de hele reep te omhullen met chocolade, maar het hoeft niet perfect te zijn.

Koel tot het stevig is (~ 1 uur). Verpak de eiwitrepen afzonderlijk in plastic boterhamzakjes en bewaar ze in de koelkast.

Opbrengst: 12 eiwitrepen

94. In The Buff Protein Bars

Eiwitrepen:

- 128 g (½ kopje) natuurlijke geroosterde pindakaas
- 270 g ongezoete vanille-amandelmelk
- 1 theelepel Vanille Crème-Smaak Vloeibaar Stevia Extract
- 168g (1¼ kopjes, licht verpakt) Vanille Bruine Rijst Eiwitpoeder
- 80 g (⅔ kopje) Havermeel
- ⅛ theelepel Zout

Chocoladecoating:

- 6oz biologische melkchocolade (34% cacao), gesmolten

Voor de eiwitrepen:

Bekleed een 8x8 "brownievorm met perkamentpapier. Opzij zetten.

Voeg de pindakaas, amandelmelk en stevia-extract toe in een kom met elektrische mixer die is uitgerust met een klopper. Mix op lage snelheid terwijl je de droge ingrediënten klaarmaakt.

Klop in een middelgrote mengkom het eiwitpoeder, havermeel en zout door elkaar. Zet de keukenrobot uit en gooi de droge ingrediënten erbij. Zet de mixer terug op lage snelheid en mix tot de droge ingrediënten volledig zijn opgenomen. Schraap

indien nodig langs de zijkanten van de kom. Het mengsel moet dik en fudgy zijn, zoals koekjesdeeg.

Schep het mengsel in de voorbereide brownievorm en druk het plat. Dek de pan goed af met plasticfolie en zet een nacht in de koelkast.

Til het mengsel uit de pan. Snijd in 10 repen.

Leg een siliconen bakmat op een jelly roll-pan en bekleed de eiwitrepen erop.

Voor de chocoladecoating:

Schep met een grote lepel de gesmolten chocolade over de eiwitrepen. Probeer de hele reep te omhullen met chocolade, maar het hoeft niet perfect te zijn.

Koel tot het stevig is (~ 1 uur). Verpak de eiwitrepen afzonderlijk in plastic boterhamzakjes en bewaar ze in de koelkast.

Opbrengst: 10 eiwitrepen

95. Laten we eiwitrepen racen

Eiwitrepen:

- 128 g (½ kopje) natuurlijke geroosterde pindakaas
- 270 g (1 kop + 2 eetlepels) ongezoete vanille-amandelmelk
- 1 theelepel Vanille Crème-Smaak Vloeibaar Stevia Extract
- 168g (1¼ kopjes, licht verpakt) Vanille Bruine Rijst Eiwitpoeder
- 80 g (⅔kopje) Havermeel
- ⅛ theelepel Zout

Beleg:

- 105 g (⅓kopje) biologische karamelsaus
- 63g (½ kopje, licht verpakt) Vanille Bruine Rijst Eiwitpoeder
- 24 Pretzel-sticks
- ¼ kopje geroosterde pinda's, gehakt

Chocoladecoating:

- 6oz biologische melkchocolade (34% cacao), gesmolten

Voor de eiwitrepen:

Bekleed een 8x8 "brownievorm met perkamentpapier. Opzij zetten.

Voeg de pindakaas, amandelmelk en stevia-extract toe in een kom met elektrische mixer die is uitgerust met een klopper. Mix op lage snelheid terwijl je de droge ingrediënten klaarmaakt.

Klop in een middelgrote mengkom het eiwitpoeder, havermeel en zout door elkaar. Zet de keukenrobot uit en gooi de droge ingrediënten erbij. Zet de mixer terug op lage snelheid en mix tot de droge ingrediënten volledig zijn opgenomen. Schraap indien nodig langs de zijkanten van de kom. Het mengsel moet dik en fudgy zijn, zoals koekjesdeeg.

Schep het mengsel in de voorbereide brownievorm en druk het plat.

Voor de toppings:

Roer in een kleine kom de karamelsaus en het eiwitpoeder door elkaar. Het mengsel moet dik en licht plakkerig zijn.

Schep het mengsel over de basis van de eiwitreep en verdeel het met de achterkant van een lepel naar de randen van de pan. Druk de pretzelsticks (twee pretzelsticks per reep) en de gehakte pinda's in de karamel. Zet 1 uur onafgedekt in de vriezer.

Til het mengsel uit de pan. Snijd in 12 repen.

Leg een siliconen bakmat op een jelly roll-pan en bekleed de eiwitrepen erop.

Voor de chocoladecoating:

Schep met een grote lepel de gesmolten chocolade over de eiwitrepen. Probeer de hele reep te omhullen met chocolade, maar het hoeft niet perfect te zijn.

Koel tot het stevig is (~ 1 uur). Verpak de eiwitrepen afzonderlijk in plastic boterhamzakjes en bewaar ze in de koelkast (ca. 1 week houdbaar, maar de pretzels zullen de eerste paar dagen het knapperigst zijn).

Opbrengst: 12 eiwitrepen

96. Gezonde Chubby Hubby Proteïnerepen

Eiwitrepen:

- 128 g (½ kopje) natuurlijke geroosterde pindakaas
- 270 g (1 kop + 2 eetlepels) ongezoete vanille-amandelmelk
- 1 theelepel Vanille Crème-Smaak Vloeibaar Stevia Extract
- 168g (1¼ kopjes, licht verpakt) Vanille Bruine Rijst Eiwitpoeder
- 80 g (⅔kopje) Havermeel
- ¼ theelepel Zout

Beleg:

- 2oz bitterzoete chocolade (70% cacao), gesmolten
- ~ 1½ kopjes Pretzel Sticks, gehakt in stukjes van 1¼ "

Voor de eiwitrepen:

Bekleed een 8x8 "brownievorm met perkamentpapier. Opzij zetten.

Voeg de pindakaas, amandelmelk en stevia-extract toe in een kom met elektrische mixer die is uitgerust met een klopper. Mix op lage snelheid terwijl je de droge ingrediënten klaarmaakt.

Klop in een middelgrote mengkom het eiwitpoeder, havermeel en zout door elkaar. Zet de keukenrobot uit en gooi de droge ingrediënten erbij. Zet de mixer terug op lage snelheid en mix tot de droge ingrediënten volledig zijn opgenomen. Schraap indien nodig langs de zijkanten van de kom. Het mengsel moet dik en fudgy zijn, zoals koekjesdeeg.

Schep het mengsel in de voorbereide brownievorm en druk het plat. Dek de pan goed af met plasticfolie en zet een nacht in de koelkast.

Til het mengsel uit de pan. Snijd in 10 repen.

Leg een siliconen bakmat op een jelly roll-pan en bekleed de eiwitrepen erop.

Voor de toppings:

Sprenkel een klein beetje gesmolten chocolade over de eiwitrepen en druk vervolgens de gehakte pretzels erop zodat ze blijven plakken. Sprenkel de rest van de chocolade over de pretzels.

Koel tot het stevig is (~ 1 uur). Verpak de eiwitrepen afzonderlijk in plastic boterhamzakjes en bewaar ze in de koelkast (ca. 1 week houdbaar, maar de pretzels zullen de eerste paar dagen het knapperigst zijn... dus eet ze op!).

Opbrengst: 10 eiwitrepen

97. Krachtige eiwitrepen

Ingrediënten:

- 128 g (½ kopje) natuurlijke geroosterde pindakaas
- 240 g (1 kopje) ongezoete vanille-amandelmelk
- 160 g (½ kopje) biologische karamelsaus
- 1 theelepel Vanille Crème-Smaak Vloeibaar Stevia Extract
- 147g (1 kop, verpakt) Vanille Bruine Rijst Eiwitpoeder
- 120 g (1 kop) Pindameel
- ⅛ theelepel Zout
- 12 oz (3 kopjes) geroosterde pinda's

Bekleed een 8x8 "brownievorm met perkamentpapier. Opzij zetten.

Voeg de pindakaas, amandelmelk, karamelsaus en stevia-extract toe in een elektrische mixerkom met klopperopzetstuk. Mix op lage snelheid terwijl je de droge ingrediënten klaarmaakt.

Klop in een middelgrote mengkom het eiwitpoeder, het pindameel en het zout door elkaar. Zet de keukenrobot uit en gooi de droge ingrediënten erbij. Zet de mixer terug op lage snelheid en mix tot de droge ingrediënten volledig zijn opgenomen. Schraap indien nodig langs de zijkanten van de kom. Het mengsel moet dik, fudgy en enigszins plakkerig zijn, zoals een nat koekjesdeeg.

Schep het mengsel in de voorbereide brownievorm en druk het plat. Zet 1 uur in de vriezer.

Til het mengsel uit de pan. Snijd in 12 repen en snijd vervolgens elke reep in de lengte doormidden zodat je 24 reepjes krijgt.

Voeg de pinda's toe aan een grote schaal. Druk de eiwitstrips in de pinda's om de strips volledig te bedekken. Rol elke strook een paar keer om de randen rond te maken en de pinda's volledig te laten hechten. Verpak de eiwitrepen afzonderlijk in plastic boterhamzakjes en bewaar ze in de koelkast (houdbaar voor ~ 1 week.

Opbrengst: 24 eiwitrepen

98. Dynamische eiwitrepen

Eiwitrepen:

- 128 g (½ kopje) rauwe kokosboter, gesmolten
- 270g (1 kop + 2 eetlepels) Ongezoete Vanille Kokosmelk, kamertemperatuur
- 1 theelepel vloeibaar stevia-extract met kokossmaak
- 168g (1¼ kopjes, licht verpakt) Vanille Bruine Rijst Eiwitpoeder
- 36 g (¼ kopje) kokosmeel
- ⅛ theelepel Zout
- Chocolade-kokos coating:
- 6oz bitterzoete chocolade (70% cacao), gesmolten
- 64 g (¼ kopje) Rauwe Kokosboter

Voor de eiwitrepen:

Bekleed een 8x8 "brownievorm met perkamentpapier. Opzij zetten.

Voeg de gesmolten kokosboter, kokosmelk en stevia-extract toe in een elektrische mixerkom met een klopperopzetstuk. Mix op lage snelheid terwijl je de droge ingrediënten klaarmaakt.

Klop in een middelgrote mengkom het eiwitpoeder, het kokosmeel en het zout door elkaar. Zet de keukenrobot uit en gooi de droge ingrediënten erbij. Zet de mixer terug op lage snelheid en mix tot de droge ingrediënten volledig zijn opgenomen. Schraap indien nodig langs de zijkanten van de kom. Het mengsel moet dik en fudgy zijn, zoals koekjesdeeg.

Schep het mengsel in de voorbereide brownievorm en druk het plat. Dek de pan goed af met plasticfolie en zet een nacht in de koelkast.

Til het mengsel uit de pan en laat het 10 minuten op het aanrecht staan om zacht te worden. Snijd in 12 repen.

Leg een siliconen bakmat op een jelly roll-pan en bekleed de eiwitrepen erop.

Voor de chocolade-kokoscoating:

Roer de kokosboter door de gesmolten chocolade.

Schep met een grote lepel de gesmolten chocolade over de eiwitrepen. Probeer de hele reep te omhullen met chocolade, maar het hoeft niet perfect te zijn.

Koel tot het stevig is (~ 1 uur). Verpak de eiwitrepen afzonderlijk in plastic boterhamzakjes en bewaar ze in de koelkast.

Opbrengst: 12 eiwitrepen

99. Duo Eiwitrepen

Eiwitrepen:

- 96g (6 eetlepels) Rauwe Kokosboter, gesmolten
- 270g (1 kop + 2 eetlepels) Ongezoete Vanille Kokosmelk, kamertemperatuur
- 1 theelepel vloeibaar stevia-extract met kokossmaak
- 1 theelepel amandelextract
- 168g (1¼ kopjes, licht verpakt) Vanille Bruine Rijst Eiwitpoeder
- 36 g (¼ kopje) kokosmeel
- ⅛ theelepel Zout
- 48 hele amandelen
- Chocolade-kokos coating:
- 6oz bitterzoete chocolade (70% cacao), gesmolten
- 64 g (¼ kopje) Rauwe Kokosboter

Voor de eiwitrepen:

Bekleed een 8x8 "brownievorm met perkamentpapier. Opzij zetten.

Voeg de gesmolten kokosboter, kokosmelk, stevia-extract en amandelextract toe aan een elektrische mixerkom die is uitgerust met een klopper. Mix op lage snelheid terwijl je de droge ingrediënten klaarmaakt.

Klop in een middelgrote mengkom het eiwitpoeder, het kokosmeel en het zout door elkaar. Zet de keukenrobot uit en gooi de droge ingrediënten erbij. Zet de mixer terug op lage snelheid en mix tot de droge ingrediënten volledig zijn opgenomen. Schraap indien nodig langs de zijkanten van de kom. Het mengsel moet dik en fudgy zijn, zoals koekjesdeeg.

Schep het mengsel in de voorbereide brownievorm en druk het plat. Dek de pan goed af met plasticfolie en zet een nacht in de koelkast.

Til het mengsel uit de pan. Snijd in 12 repen. Druk 4-5 amandelen bovenop elke eiwitreep om een lijn van amandelen te maken.

Leg een siliconen bakmat op een jelly roll-pan en bekleed de eiwitrepen erop.

Voor de chocolade-kokoscoating:

Roer de kokosboter door de gesmolten chocolade.

Schep met een grote lepel de gesmolten chocolade over de eiwitrepen. Probeer de hele reep te omhullen met chocolade, maar het hoeft niet perfect te zijn.

Koel tot het stevig is (~ 1 uur). Verpak de eiwitrepen afzonderlijk in plastic boterhamzakjes en bewaar ze in de koelkast.

Opbrengst: 12 eiwitrepen

100. Death By Proteïnerepen Chocolade

Eiwitrepen:

- 128 g (½ kopje) geroosterde amandelboter
- 270 g (1 kop + 2 eetlepels) ongezoete vanille-amandelmelk
- 1 theelepel Vanille Crème-Smaak Vloeibaar Stevia Extract
- ½ theelepel natuurlijke botersmaak
- 168 g (1¼ kopjes, licht verpakt) Chocoladebruine rijstproteïnepoeder
- 80 g (⅔ kopje) Havermeel
- 20 g (¼ kopje) ongezoet natuurlijk cacaopoeder
- ¼ theelepel Zout

Chocoladeglazuur:

- 230 g (1 kop) Griekse yoghurt zonder vet
- ½ theelepel vanillecrème-gearomatiseerd vloeibaar stevia-extract
- 10 g (2 eetlepels) ongezoet natuurlijk cacaopoeder

Chocoladecoating:

- 8oz bitterzoete chocolade (70% cacao), gesmolten
- ¼ kopje Mini Halfzoete Chocoladeschilfers

Voor de eiwitrepen:

Bekleed een 8x8 "brownievorm met perkamentpapier. Opzij zetten.

Voeg de amandelboter, amandelmelk, stevia-extract en botersmaak toe in een elektrische mixerkom met klopperopzetstuk. Mix op lage snelheid terwijl je de droge ingrediënten klaarmaakt.

Klop in een middelgrote mengkom het eiwitpoeder, havermeel, cacaopoeder en zout door elkaar. Zet de keukenrobot uit en gooi de droge ingrediënten erbij. Zet de mixer terug op lage snelheid en mix tot de droge ingrediënten volledig zijn opgenomen. Schraap indien nodig langs de zijkanten van de kom. Het mengsel moet dik en fudgy zijn, zoals koekjesdeeg.

Schep het mengsel in de voorbereide brownievorm en druk het plat.

Voor de chocoladeglazuur:

Klop in een kleine kom de Griekse yoghurt, het stevia-extract en het cacaopoeder door elkaar. Verdeel over de eiwitrepen. Dek de pan goed af met plasticfolie en zet 1 uur in de vriezer.

Til het mengsel uit de pan. Snijd in 12 repen.

Leg een siliconen bakmat op een jelly roll-pan en bekleed de eiwitrepen erop.

Voor de chocoladecoating:

Schep met een grote lepel de gesmolten chocolade over de eiwitrepen. Probeer de hele reep te omhullen met chocolade, maar het hoeft niet perfect te zijn. Strooi de chocoladeschilfers erover.

Koel tot het stevig is (~ 1 uur). Om te bewaren, plaats je gewoon een vel perkamentpapier op een taartbodem, leg je de eiwitrepen erop en dek je af met een taartkoepel.

Opbrengst: 12 eiwitrepen

CONCLUSIE

De beste dessertrepen hebben meestal smaaklagen en zijn er in veel variaties, de mogelijkheden zijn eindeloos, kijk wat je kunt bedenken!

Dessertrepen zijn ook een heel leuk kerstcadeau of een ander cadeau voor speciale gelegenheden voor vrienden en familie. Wie wil er nu niet een prachtig versierd pakket met zelfgemaakte dessertrepen ontvangen? Dat zou wel eens een van de beste cadeaus ooit kunnen zijn! Ze zijn vrij lang houdbaar en kunnen een paar dagen van tevoren worden gebakken. Ze kunnen ook in de vriezer worden bewaard als ze stevig in plasticfolie zijn verpakt.

Met dit kookboek zorg je ervoor dat je gasten zeker nog een keer terug willen komen om te eten!

www.ingramcontent.com/pod-product-compliance
Lightning Source LLC
Chambersburg PA
CBHW070648120526
44590CB00013BA/877